二三十岁

一定要玩转的100个

处世攻略

徐励/编著

商务印书馆国际有限公司

图书在版编目（CIP）数据

二三十岁一定要玩转的100个处世攻略／徐励编著．
—北京：商务印书馆国际有限公司，2011.8

ISBN 978-7-80103-790-9

Ⅰ．①二… Ⅱ．①徐… Ⅲ．①人际关系学－青年读物
Ⅳ．①C912.1-49

中国版本图书馆CIP数据核字（2011）第101632号

二三十岁一定要玩转的100个处世攻略

编　　著　徐　励
责任编辑　高　冉
出版发行　商务印书馆国际有限公司
地　　址　北京市东城区史家胡同甲24号（100010）
电　　话　010－65592876（总编室）　010－65227580（编辑部）
　　　　　010－65598498（市场营销部）
网　　址　www.cpi1993.com
经　　销　全国新华书店
印　　刷　北京佳信达欣艺术印刷有限公司
开　　本　710mm×1000mm　1/16
字　　数　160千字
印　　张　17.5
版　　次　2011年8月第1版第1次印刷
书　　号　ISBN 978-7-80103-790-9
定　　价　29.80元

怀揣100个江湖秘笈行走天下

当你即将毕业步入社会时，当你工作拼搏三五年时，当你三十而立成家时，当你跳槽另谋新职业时，是否察觉不论在生命的哪个阶段或是人生转折点，总是被各种各样的处世难题困扰不已：

拥有漂亮的简历、丰富的经历、优秀的成绩，还是得不到心仪的职位。

不管自己多么努力多么拼命，总是得不到领导的认可。

无意间与家人、朋友、领导或同事结下了莫名其妙的隔阂。

而立之年，婚姻、家庭、事业仍然一团糟，依旧是平凡草民一个。

被竞争、被压力、被人际关系搞得身心疲惫。

当心情烦躁想找人聊天倾诉时，却发现身边原本的“人脉”也没了踪影。

……

甚至有时候，我们不得不面对这样一个现实：很多成功者看似没有付出多大努力，但他们的确拥有超凡的人格魅力，他们在社会中八面玲珑，左右逢源，总有一群人为他们奔前走后，似乎成功的机会总是为他们而准备；另外一些人兢兢业业，恪职尽守，但机会总是和他们擦肩而过，他们在社会中努力拼搏，却总是四处碰壁，无用武之地；也有一些人绞尽脑汁地拉拢人脉、恭维奉承，可有些招数往往却让他“死”得更惨……殊不知，摸透了人情世故，等于握住了赢家的底牌；驾驭好处世技巧，才可以抓住成功的命脉！

一位著名职业规划师曾说：“人一生中能够确立自身根基的事不外乎两件，一件是做人，一件是处世。”而二三十岁是掌握为人处世技巧的关键时段。二十几岁的人，涉世不深，正逢角色和身份的转变时期，遇到困难和机遇总是难以解决和把握；三十几岁的人，又正是社会、家庭的顶梁柱，行走江湖，需要左右逢源。如果这时候只知道一五一十地努力，不懂得那些四两拨千斤的处世技巧，难免会遭遇坎坷，比别人多走五年、十年、二十年的弯路，甚至永无出头之日！

本书是一本集中国几千年社交博弈术之大成的处世攻略，是真正适合现代年轻人学以致用的处世励志书。全书以100个古今中外的典型案例、100句经典睿智的处世感悟，详细阐述了100个最典型、最实用的处世法则，全面展现了自知、中庸、豁达、隐忍、借势、谋略、双赢等处世攻略的内在精髓和实战技巧，堪称处世攻略一本通。

本书并不是教你虚伪、奸诈、一味地迎合别人，而是教你在社交处世时要掌握分寸、谨言慎行、通行天下。希望这100个江湖秘笈，能为你彻底揭开社交博弈、人脉财脉、成功幸福背后隐藏的终极底牌，让你了解和掌握圆融迂回的处世技巧，优雅娴熟地应对繁杂世事，游刃有余地处理人际关系，洒脱自如地行走天下！

目录 Contents

第一章

自知：知己知彼方能百战百胜

人贵有自知之明，全面而正确的自我认知是培养健全自我的基础，是认识自我、发展自我、完善自我的最佳方法。既是一个人修身养性必备的基本功之一，又是增强社会生存实力的一条重要途径。

第二章

中庸：调和持中是处世上上策

中庸讲究适可而止、恰到好处。倘若不注意分寸，往往会事与愿违，好事可能就会变成坏事。比如诚信过了头，就成了迂腐；敏捷过了头，就成了圆滑；勇敢过了头，就成了鲁莽。

第三章

豁达：天塌下来也要从容淡定

“人生不如意者十有八九”，要乐于接受所发生的事实，坦然面对失败和痛苦，从容地面对生活，从容地面对人生，是克服任何困难和不幸的第一步。

第四章

隐忍：明哲保身，惹不起躲得起

俗话说，能屈能伸大丈夫。人不仅要能在顺境中施展抱负，而且要能在逆境中忍受屈辱，能经受各种恶劣环境的考验。纵观古今历史，但凡有成就的人莫不如此。

第五章

方圆：方是做人之本，圆乃处世之道

“方”是规矩，是准则，是做人之本。“圆”是通融，是润滑，是处世之道。一个人如果过分方方正正，有棱有角，必将碰得头破血流；但如果八面玲珑，圆滑透顶，总是想占便宜，必将众叛亲离。

第六章

厚黑：左右通赢的博弈智慧

“厚黑”并不是教你抛弃道德观念，一味地损人利己，而是说有的时候必须掌握非常规的为人处世的方法与技巧。由古至今，王侯将相，豪杰圣贤，凡成大事者，无不是深谙厚黑学的高手。

第七章

屈伸：得志则进取，失意宜待时

人生在世，总免不了有追求的欲念，有许多割舍不下的东西，但任何事物都有其两面性，有无相生祸福相依，有所得必有所失，鱼和熊掌从来难以兼得。

第八章

装傻：该糊涂时一定要糊涂

为人处世，千万不要“聪明反被聪明误”。试想，如果你表现得比周围所有人都聪明能干、张扬跋扈，哪里还有你的容身之地？

第九章 韬晦：收敛你的锋芒，隐藏你的内心

韬光养晦并不是一味示弱，而是为了麻痹对手。当你成功地让对手相信你的意图，就可以从容发展自己的实力，一步步实施自己的发展计划，等到最好的时机，就能取得最大的成功。

第十章 借势：麻雀攀高枝，依靠贵人巧办事

顺势，要求一个人要有所为，有所不为。只要心中明白自己应该做什么，不该做什么，很多事情自然而然地就能做成了。顺势而为，不是随波逐流，而是水到渠成。

第一章——

自知

知己知彼方能百战百胜

人贵有自知之明，全面而正确的自我认知是培养健全自我的基础，是认识自我、发展自我、完善自我的最佳方法。心平气和地正视自己，客观公正地评价自己，既是人们修身养性必备的基本功之一，又是增强社会生存实力的一条重要途径。

在这个竞争日益激烈的社会，人们难免会变得浮躁，“自知之明”的品质更显得尤为珍贵。无论做什么事情，都要记得时刻回头反省，理智、客观地运用和对待自己的长处与不足，冷静地看待得与失。

不久的将来你会发现，在通往理想的奋斗之路上，你正在变得越来越卓越，越来越完美。

处世攻略

001 一个好汉还需三个帮

如今的社会是一个多样化的社会，每个人不可能在所有领域都有所建树，即使“样样通”，也大多是“样样松”，所以不必因为自己在某些方面“技不如人”而自惭形秽，应该积极转变固有的想法和观念，发挥自己的长处和优势，利用团队力量为自己服务。

秦末时期，刘邦奋起于草莽之间，手提三尺之剑，戎马半生，开创汉家刘氏天下，成为中国历史上第一个社会下层出身的君主。建立不世功业，自然需要过人的才智，而刘邦最突出的长处，就是对人才有敏锐的洞察力和判断力。他初登皇帝宝座时，宴请群臣，自述得天下的原因：“运筹帷幄，决胜千里，我不如张良；管理国家，安抚百姓，使军队在外，粮饷不绝，我不如萧何；统百万士兵，战必胜，攻必取，所向无敌，我不如韩信。这三人乃当今豪杰，我能委心任用，所以能得天下。”群臣听了，个个钦佩，纷纷离座跪拜。

刘邦之所以能一跃而起登上皇帝宝座，最重要的原因在于他对自己有着非常清醒的自我认知。他的长处并不在于操作具体的事务，而在于知人善任，懂得运用人才，管理部下。萧何的长处在于治理国家，安抚百姓，安定后方，调度物资。张良则擅长创造性地制定战争策略和方针。而在统帅大军、出奇制胜方面，非韩信莫属。刘邦便整合他们的长处，使他们各尽其才，从而形成了巨大的凝聚力，最终取得了楚汉战争的胜利，成就了自己的霸业。

无独有偶，美国也有一个与刘邦人生经历相似的知名人物，那便是

"钢铁大王"卡内基。他原本是一个毫不出名甚至对钢铁生产和经营知之甚少的普通工人，虽然没有钢铁专业知识，但他相信只要把世界上优秀的专业人才集中到自己麾下，利用他们丰富的钢铁生产和管理经验，充分调动每一个人的积极性，最大限度地发挥每一个人的才能，就一定能够打造出钢铁王国的"巨无霸"。于是他开始网罗天下人才，组建了由 50 位专家构成的智囊团，开始了艰难而伟大的创业，并最终依靠智囊团专家的出谋划策，平安度过了生产经营中的诸多坎坷，成功将公司打造成为世界钢铁王国的"巨无霸"。

卡内基之所以能够取得成功，主要是因为背后有一个强有力的支持团队。所以说，事业的成功并不能完全依靠一个人所拥有的专业知识和技能。即使一个人的能力比较差，如果有客观而理性的自知之明，知道自己的长处与不足，善于运用他人的智慧和力量，同样可以把愿望变成现实。

俗话说"一个篱笆三个桩，一个好汉三个帮"。世界上那些拥有巨额资产的大富豪们，他们的财富也绝不是靠他们一个人的能力赢得的。如果单凭一个人的力量，即使昼夜不停地拼命工作，也不可能取得如此辉煌的成就。

日本"经营之神"松下幸之助曾说："我的企业之所以成功，是因为我能善用不同的人才。"要想成就一番轰轰烈烈的事业，就得努力使自己成为一个领导者，设法让更多的人参与到你的计划中去。善用团队的力量，会让你在人生道路上成功得更容易些。

人生处世感悟

人是要有他人帮助的。荷花虽好，也要绿叶扶持。一个篱笆打三个桩，一个好汉要有三个帮。

——毛泽东

处世攻略

002 罗马不是一天建成的

俗语说：欲速则不达。对于“一万年太久，只争朝夕”的人来说，是最不容易接受这个劝导的。如今浮躁侵蚀了很多人的心灵，使得人们过于追求眼前利益，做事无耐心，见异思迁，不安分守己，总想投机取巧。那些恪守“老老实实做人，踏踏实实做事”信条的人反而被当做笑料。这些浮躁者无不想快速致富，一步登上成功者的殿堂。然而无数事实证明，“欲速则不达”是一个颠扑不破的真理。

清朝人马时芳的《朴丽子》中有这样一个故事：

一个农夫挑着一担橘子进城，天快黑了，他怕在关闭城门之前赶不上进城，心里很着急。恰巧有一个行人走来，他就问：“你说我还来得及进城吗？”那人瞧他慌慌忙忙的样子，答道：“你要是慢慢地走，可能来得及。”农夫很生气，以为那人故意跟他开玩笑，心想：“难到慢走可以进城，快走反而进不城了吗？”他心里嘀咕着，不停地加快脚步，向前快跑。不料一不小心摔了一跤，一担橘子滚了一地，他急忙拾橘子，一个一个往担子里装，好一会儿才把橘子拾完。这时，天已全黑，城门关上了，最终他没有来得及进城。

由此可见，急于求成、恨不能一日千里，结果往往会事与愿违。做任何事情时，“快”不是坏事，但是在快的同时，必须要保证质量和效果。否则，一味地追求快，就难免马虎、潦草，甚至造成错误、损失。正如故事中的农夫，欲速则不达，不但没快起来，反而更费事。

最近有听到这样一则小故事：有一个喜欢生物学的小朋友，很想知道毛毛虫是如何从蛹壳里出来，变成蝴蝶。有一次，他去郊外游玩看见一个蛹，便拿回家观察。几天以后，蛹外表出现一条裂痕，里面的蝴蝶开始挣扎，想挣破蛹壳飞出来。

这个过程持续了数个小时，蝴蝶在蛹里面很辛苦地挣扎，试图挣脱出来。这个小孩看着这一幕有些不忍心，就想不如让我帮帮它吧，便随手拿起剪刀剪开缺口，使蝴蝶破蛹而出。但蝴蝶出来以后，因为翅膀不够强壮，怎么飞也飞不起来。

再华丽再高贵的衣服，也需要一针一线来缝织。

把每一件简单的事做好就是不简单，把每一件平凡的事做好就是不平凡。只有一丝不苟地做好每件小事，才有可能做好想要做的大事。

那只蝴蝶在蛹里面拼命挣扎的几个钟头，实际上是在锻炼它那一对翅膀。如果通过自身的努力挣脱出来，它便可以一飞冲天。但是小孩用剪刀剪开蛹壳，蝴蝶轻而易举地出来了，可是它的翅膀没有经过足够的挣脱锻炼，所以不够强壮，没有飞的力量。小朋友本想帮蝴蝶的忙，结果反而害了蝴蝶。

我们的人生便犹如那个蝴蝶的“蛹”，或像是在一条狭长漆黑的小巷，我们穿行其中，却不知道巷子的长度，想走出这样一条小巷，必须要有足够的耐心，急躁冒进，拔苗助长，反而会导致最终的失败。

其实，历史上的一些名人也用过求速成的方法，但在追求过程中，又转向了下苦功夫。像宋朝的朱熹就是个绝顶聪明之人，他十五六岁就开始研究儒学，而到了中年之时才感觉到，速成不是良方。于是他坚信“欲速则不达”这句话，之后下一番苦功夫，方获得了一定的成就。他有一句十六字箴言：“宁详毋略，宁近毋远，宁下毋高，宁拙毋巧。”

做人做事都应放远眼光，注重知识的积累，厚积薄发，自然会水到渠成，达成自己的目标。任何事情都必须有一个痛苦挣扎、奋斗的过程，这既是事情成功的过程，也是人生锻炼、成长的过程。假如抱有太多不切实际的幻想，急躁冒进，拔苗助长，反而会欲速则不达。

人生处世感悟

拿破仑是由炮兵干起，卓别林是从跑龙套的演员起步，如果他们当年不迁就那个低微的工作，可能有日后的成就吗？所以我要说，低不就则高不成。

——刘墉

处世攻略

003 先做好小事才是王道

古今中外凡成大事者，无一不是从最基本的事做起，“不以恶小而为之，不以善小而不为”，点滴积累方能成就一番事业，诚如荀子所说：“故不积跬步，无以至千里，不积小流，无以成江海。”老子也说：“合抱之木，生于毫末；九层之台，起于垒土；千里之行，始于足下。”这说明如果没有平日的积累，纵然有再好的机会降临到你的头上，也只能遗憾地与机会擦肩而过。

东汉时期，有一少年名叫陈蕃，胸怀大志，自命不凡，一心只想干大事业。一天，其友薛勤来访，见他独居的屋子龌龊不堪，便对他说：“孺子何不洒扫以待宾客？”他答道：“大丈夫处世，当扫天下，安事一屋？”薛勤当即反问道：“一屋不扫，何以扫天下？”陈蕃无言以对。

陈蕃之所以不扫屋，无非是不屑而致。陈蕃欲“扫天下”的胸怀固然不错，但他错在没有意识到“扫天下”正是从“扫一屋”开始的，“扫天下”包含了“扫一屋”，不“扫一屋”是断然不能实现“扫天下”的理想的。

在二十世纪八十年代的美国，一位贫困家庭出身的斯坦福大学学生默巴克，为了减轻父母的压力，一边上学一边打零工，承包了打扫学生公寓的工作。在打扫的过程中，默巴克不断地在宿舍的角落里扫出许多沾满灰尘的硬币，这些硬币有1美分、2美分和5美分，几乎每间学生公寓里都有。可当默巴克将这些硬币还给同学们的时候，大家却表现出了不屑的神情。默巴克非常惊异，也十分不理解。在同学们怪异目光的注视下，他默默捡起了一枚枚带着灰尘的硬币。不到一个月，默巴克清点他捡到的硬币，连他自己也感到吃惊：竟有500多美元！

毕业后，默巴克便成立了自己的“硬币之星”公司，推出了自动换币机。顾客只要将手中的硬币倒进机器，机器会自动点数，然后打出收条，标明硬币的面值总计。顾客可以凭收条到超市服务台领取现金，当然，自动换币机收取约9%的手续费。

“硬币之星”很快得到了大众的好评和喜爱，美国各地的超市纷纷同默巴克的公司联系，要求合作。5年间，“硬币之星”公司在美国8900家主要超市连锁店设立了10800台自动换币机，并成为纳斯达克的上市公司，穷小子默巴克因此成了令人瞩目的亿万富翁。

小事之中见精神，只有一丝不苟地做好每件小事，才能为以后做大事积累资源。默巴克正是从小事入手，脚踏实地，才一步步实现了人生的辉煌。

江河不拒细流，方能成其大；海纳百川，才成就宽广的胸怀。若想成就一番事业，第一步就应该从小处开始，从一屋扫起，再试着去扫天下，才会取得较好成绩，渐渐接近自己预定的目标，从而自然而然地走向成功。

做事不能贪大，做人不能计小。做任何事，都不能好高骛远，眼高手低，而应该脚踏实地，从点点滴滴小事做起，从“扫一屋”做起，做好每一件看似琐碎的事情，修炼好“内功”，才能厚积薄发。

人生处世感悟

伟大的成绩和辛勤劳动是成正比例的，有一分劳动就有一分收获，日积月累，从少到多，奇迹就可以创造出来。

——鲁迅

处世攻略

004 笨可以接受，骄傲不可以原谅

满招损，谦受益。没有人是完美的，每个人或多或少都有一些缺点或毛病，但这些并不最终影响你的能力，关键是你自己如何去对待这些缺点。如果你困囿于荣誉与成绩，看不到自身的不足，结果只能导致失利和失败。只有在汲取别人成功经验的基础上不断完善自我、超越自我、战胜自我，才能让你不断提高，走上成功之路。

唐太宗即位初期，鉴于隋朝灭亡的教训，一直虚心纳谏。他非常赞同魏征"兼听则明，偏听则暗"的说法。唐太宗自幼精于弓矢，自以为尽得其妙，后来得到十几张良弓给专业工匠验看，结果被告知这些弓木心不正，脉理皆邪，并不是真正的良弓。他即刻悟出，只凭他一人之力是不能做得如此尽善尽美。因此，唐太宗主动要求臣下就政事得失发表意见。魏征就是以直言极谏而著名的大臣，他规劝唐太宗在政治上要慎始敬终，虚心纳下，赏罚公正；用人时要知人善任，拣能择善；生活上要崇尚节俭，不轻用民力。魏征多次拂逆唐太宗之意，而唐太宗竟能容忍魏征"犯上"，所言多被采纳。

公元643年，直言敢谏的魏征病死了。唐太宗很难过，他流着眼泪说："一个人用铜作镜子，可以照见衣帽是不是穿戴得端正；用历史作镜子，可以看到国家兴亡的原因；用人作镜子，可以发现自己做得对不对。魏征一死，我就少了一面好镜子了。"

可以说，贞观盛世的出现，与唐太宗的虚怀纳谏之风是密不可分的。作为一个君王，能虚心地听取臣下的意见，并有反省自己错误的心胸和

气魄是难能可贵的。纵观历史，凡是皇帝具有良好的听言纳谏、民主作风的国家，大都会政治清明，经济快速发展，人民生活富裕。相反，如果皇帝独裁专断，国家则必然走向衰败。

说到此，不得不讲讲中国著名的京剧大师梅兰芳先生的一个故事。梅兰芳不仅戏唱得好，而且非常谦虚，经常拜普通人为师。有一次他在演出京剧《杀惜》时，在众多喝彩叫好声中，他听到有个老年观众说“不好”。梅兰芳定睛一看，见一个老者正坐在角落，年纪六十开外，衣着朴素，正不住地摇头。

虚心的陶壶默默地接受着倒入的谷物，越积越满。而骄傲的陶壶却歪斜倒落，谷物流散，最终前功尽弃。

虚心使人进步，骄傲使人落后。大凡做人，面对鲜花和掌声，都要有定力。自满会招致损失，谦虚可得到益处。

一下场，梅兰芳来不及卸装更衣，忙叫人去把那位老者请来，恭恭敬敬地对老人说："说我不好的人，是我的老师。先生说我不好，必有高见，还请老人家赐教，学生决心亡羊补牢。"老人解释道，戏中角色"阎惜姣"上楼和下楼的台步，按梨园规定，应该是上楼七步，下楼八步，而梅兰芳却走成了八上八下了。梅兰芳恍然大悟，连声称谢。此后梅兰芳经常请这位老先生观看他演戏，请他指正，称他"老师"。

梅兰芳可称得上是一位真正的京剧艺术大家，他对艺术精益求精，做到不耻下问，不断地完善自我，从而练就了精湛的技艺，赢得了观众的认可。

纵观历史，无数的聪明人因不虚心而阴沟翻船，从而认识到虚心是制胜的不二法门。无论是在刀光剑影的军事战场，还是在觥筹交错的政治斗争中，不虚心者最后往往都成为虚心者的手下败将。

虚心使人进步，骄傲使人落后。这说明：能力并不是停滞不前的，而是在变化的。虚心的人心胸开阔，总是能够接受别人中肯的建议，因而能进步得更快，能力也会越来越出类拔萃。而骄傲的人，认为自己的想法已经够好了，就不愿再继续学习，如坐井观天，为自己能通察头顶上的一方天空而沾沾自喜，从而停滞不前。只有虚心，才能不断地学习和进步。

人生处世感悟

涓滴之水终可磨损大石，不是由于它力量大，而是由于昼夜不舍的滴坠。只有勤奋不懈的努力才能够获得那些技巧，因此，我们可以确切地说：不积跬步，无以致千里。

——贝多芬

处世攻略

005 每天自省一点点，每天进步一点点

夏朝时，大禹有个儿子叫伯启。有一次，诸侯有扈氏起兵入侵，夏禹派伯启领兵前去迎击，结果伯启战败。部下们很不甘心，要求继续进攻。伯启说："不必再战了。我的兵马、地盘都不小，却被他打败了，这说明我的德行比他差，教育部下的方法不如他。所以我得先检讨自己，努力改正自己的毛病才行。"从此，伯启发愤图强，每天很早就起来工作，生活简朴，爱民如子，尊重有品德的人。一年之后，有扈氏知道后，不但不敢来侵犯，反而主动归顺了夏朝。

在打了败仗后，伯启没有责怪他人，而是认真地反思了自己，从自己身上找出问题的症结，虚心地向有才能的人请教，注意提高自己的修养，终于取得了最后的成功。

关于"反省"，还有一个至今都被人们津津乐道的松下幸之助的故事。一位下属因经验欠缺，导致一笔贷款难以收回，松下幸之助勃然大怒，在大会上狠狠地批评了这位下属。

事后冷静下来，松下幸之助为自己的过激行为深感不安：因为那笔贷款发放单上自己也签了字，下属只是未摸准情况而已。既然自己也应负一定的责任，那么就不应该这么严厉地批评下属。想到这里，松下幸之助马上打电话给那位下属，向他诚恳地道歉。不久之后下属乔迁新居，松下幸之助得知后便立即登门祝贺，还亲自为下属搬家具，忙得满头大汗。

一年后的这一天，这位下属收到了松下幸之助的一张明信片，上面写着："让我们忘掉这可恶的一天吧，重新迎接新的一天！"看到松下幸之助的亲笔信，下属感动得热泪盈眶。不仅一笔勾销了从前的隔阂，还让下属感觉到了主人翁式的责任和温暖。

在现实生活中，当矛盾和问题同时出现时，我们的第一反应往往是找别人的毛病，但这样做并不能解决任何实际问题。而松下幸之助却深谙其中的道理，他首先审视自己，找出自己做得不恰当的地方，并积极修正，用积极的行动影响着下属，并改变着下属的观念。

中国古代有一位孔子的学生叫曾参，是个非常注重道德修养的人。他每天晚上休息之前，总是对自己一天的所作所为进行反思：我这一天到底做了什么有意义的事情？给人做事是不是尽心尽力了？与朋友交往是不是诚信了？要学习的东西是不是都掌握了吗？他的这种勤于反思、时时加强自身修养的精神是非常令人钦佩的。

反省是一种优秀的品质，只有经常反省的人才能时刻保持清醒。自古以来，凡是成就大业的人，无不是能够时时自省的人。对自己做错的事，知道悔悟和责备自己，并努力寻求解决问题的方法，从中悟到失败的教训和不完美的根源，这样才能不断提高自己、完善自己。

自省是认识自我、发展自我、完善自我的最佳方法。心平气和地正视自己，客观地反省自己，既是一个人修身养性必备的基本功之一，又是增强社会生存实力的一条重要途径。

人生处世感悟

可能一个人说你不服气，两个人说你不服气，很多人在说的时候，你要反省，一定是自己出了一些问题。

——马云

处世攻略

006 得人心者得天下

俗话说:"得人心者得天下。"在当今社会,要想得到,必须得先付出。而在与人交往的过程中,情感投资必不可少,有时甚至能取得意想不到的效果。

战国时期,魏军统帅吴起,总是和士兵们吃同样的饭菜,穿同样的衣服,睡同样的床铺,与士兵们一起同甘共苦。

有一次,一个士兵身上长了脓疮,吴起发现后,毫不犹豫地俯下身子,用嘴为士兵吸吮脓血,全军上下无不感动。那个士兵的母亲听说这件事,却伤心得大哭。有人问:"你儿子仅仅是个士兵,吴将军却为你儿子吮吸脓疮,为什么还要哭呢?"士兵的母亲说:"不是这样啊!前几年吴将军为他的父亲吮吸疮口,他的父亲为了报效吴将军,打仗时格外卖力,结果战死了。如今吴将军又为我的儿子吮吸脓疮,看来这孩子也活不长了,我是因为这个才哭啊!"

封建社会等级森严,吴起身为将军却给士兵以细心的照顾,亲自为士兵吸吮脓血,这对凝聚军心、鼓舞士气进而打赢战争有着极大的促进作用。也可见,吴起是多么地善于以情感来俘获人心。

如果说吴起将军的故事让你有点儿难以借鉴,那么现代日本快餐业巨头藤田田的故事或许会让你有所领悟。在日本曾拥有1.35万家麦当劳店、年营业额超过40亿美元的传奇人物——麦当劳的社长藤田田说过:在所有投资中,感情投资花费最少,回报率最高。

藤田田每年支付巨资给医院，作为保留病床的资金，当职工或家属生病、发生意外时，便可立刻住院接受治疗，避免了在多次转院途中因来不及治疗而延误病情甚至丧命的事情发生。有人曾问藤田田，如果他的员工几年之内都不生病，那这笔钱岂不是白花了？藤田田回答说："只要能让职工安心工作，对麦当劳来说就不吃亏。"

此外，藤田田还有一项仁义之举，就是把员工的生日定为个人的公休日，让每位职工在自己生日当天和家人一同庆祝，这让员工们非常感动。

感情投资能提高员工的工作积极性，满足员工的自尊心，激发员工热爱工作、信任公司的信念，这是物质奖励等其他投资方式所无可比拟的。事实也证明藤田田的做法是非常有效的。

人是感情的动物，情感对一个人存活世间有着重要的意义。从某种意义上讲，人的精神需求远比物质需求大得多。感情投资正是通过满足人们人性的需要、感情的渴望而进行的投资。在日常交往中，只有关心、尊重他人，时时处处照顾到他人的尊严，才能在潜移默化中得到人心。

作为企业的领导，有必要在日常工作中多点人情味，如员工生病时探望一下，员工生日时寄张卡片或送个生日蛋糕，不断提高员工的福利和工资待遇，帮助员工解决实际困难等。这些感情投资，换来的是员工在工作中的积极性和创造性，不仅能达到笼络人心的效果，还可以避免人才流失。而作为个体，若要在当今社会立足或成就一番事业，也需要讲求感情投资。关爱他人，善待他人，帮助他人，我们在付出了真实的感情和友谊后，必将收获到无限的感情和友谊。

人生处世感悟

只有神仙与野兽才孤独，人是要朋友的。

——梁实秋

处世攻略

007 无眼光做不大，不坚持不成功

大部分的成功人士，都具备豁达的心态，他们会站在更高的高度去看待事业发展和人际关系，大度地对待每一个人和每一件事，不去计较眼前的得失。事实证明，只有沉下心来好好做一件事情，眼光看得更长远一些，保持一种不急不躁的心态，才会在奋斗之路上走得更远。

战国纵横家鼻祖鬼谷子有两个杰出的弟子：孙膑与庞涓。一天，鬼谷子想试试两个徒弟的智力，于是拿出五个饼，让孙膑和庞涓拿去吃，规定每人每次最多只能拿两个饼，全部吃完后才能再拿，看谁吃的饼多。庞涓急切地拿了两个饼，而孙膑只取了一个饼。孙膑吃完一个饼的时候，庞涓还没有吃完两个饼。于是孙膑取走了剩下的两个饼。最终孙膑吃了三个，庞涓只吃了两个。

从开始看，庞涓一下子拿了两个饼，暂时占了上风，但最终还是吃了亏，算总账还是孙膑有心计。这其实就是短期利益与长期利益的区别。

最近身边有一位这样的年轻人：陈峰毕业后进入一家工厂工作，由于学历比较高，他被分配到基层担任管理人员。因为他不懂生产，不熟悉工艺流程，所以在管理上感到力不从心。于是陈峰主动向厂长提出下车间体验生活，去当工人。厂长非常高兴，说："好样的，小伙子有志气！"

陈峰不理会人们的纷纷议论，一心扑到工作上，努力钻研各项技术，很快就熟悉了工艺和流程。两年后，他升任车间主任。因为他懂技术，没人敢敷衍他，所以陈峰所在车间的产品质量是最好的。

几年后，因体制落后，效益不佳，厂里决定实行承包制。陈峰承包了一个车间。因为产品质量过硬，再加上他懂营销，产品很快就打开了市场销路。后来，他通过融资，买下了这家工厂。而跟他一同参加工作的大学生，因为无一技之长，已经下岗了。

陈峰没有被一时的利益所诱惑，而是从长远出发，下车间锻炼，熟悉了产品的工艺流程，积累了丰富的经验，才最终取得了成功。如果陈峰当初没有下车间锻炼，现在恐怕也跟其他同时入厂的大学生一样，加入失业大军了。

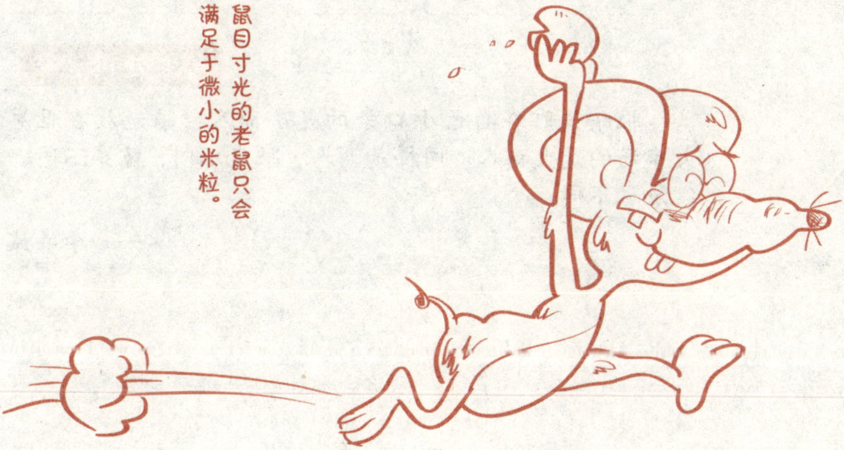

成功的人，应该具备豁达的心态、长远的眼光，而不能鼠目寸光、画地为牢。眼光放长远，是生存之必备，是智者之选择。

在日常生活中，有许多刚参加工作的人，往往为了几百元的加薪而频繁地更换工作。这看似合情合理，实际上却是一种短视的做法。刚开始工作，最好不要过多地考虑薪水问题，而应更多地考虑工作所能带给你的发展。从长远看，如果这份工作能训练你的技能，积累你的经验，使你以后有更多施展才能的机会，即使现在薪水不高，也应该坚持下去。如果你在工作中尽心尽力，不计较眼前的利益得失，未来就一定会有收获。做人要胸怀宽广、目光长远，而不要鼠目寸光、斤斤计较。只有目光长远，才能懂得适时地坚持和放弃，才能看透事物的本质，走向成功。

成就事业、做人做事、把握机遇……都需要长远的眼光。眼光的长远与好坏会决定一个人事业的成败、一生的幸福。如果你想成功，就必须培养长远的眼光。

人生处世感悟

眼睛仅盯在自己小口袋的是小商人，眼光放在世界大市场的是大商人。同样是商人，眼光不同，境界不同，结果也不同。

——李嘉诚

处世攻略 008

败者优柔寡断，胜者机敏决断

公元 200 年，袁绍与曹操在官渡展开一场大战。两军在相持阶段中，袁绍的谋士许攸截获了曹操军粮告竭的重要军事情报，于是他建议袁绍趁曹操兵力空虚偷袭其后方大本营许昌。但瞻前顾后的袁绍不仅没有采纳谋臣许攸的妙计，反而骂走了许攸。许攸转而投靠曹操，建议曹操偷袭袁绍的军粮库——乌巢，曹操当机立断，立即实施夜袭乌巢的军事行动。

袁绍的屯骑校尉张郃得知曹操偷袭乌巢后，建议速派大军前去救援，而监军郭图则建议进攻曹操大营。张郃认为曹营防守坚固，一时攻不下来，一旦曹操攻陷乌巢后，必然会率军救援，届时攻打曹营的行动一定会失败。而袁绍在派兵救援乌巢还是趁机攻打曹营的问题上举棋不定，导致乌巢沦陷，人心惶恐，袁绍的 12 万大军最终被曹操的 3 万军队打败了。

袁绍在官渡之战前具有明显的优势，如果当时袁绍采纳了许攸的计策，官渡之战的胜者绝对是袁绍而不是曹操了。但由于他的优柔寡断，最终错失良机，被用兵机敏、善于决断的曹操打败。

虽然这是袁曹两军之间的胜败较量，但是其经验教训同样可以借鉴于现代生活。中国有“机不可失，时不再来”、“过了这个村，没有这个店”等类似的谚语，都是几千年来先人积累的经验之谈，是要引导人们千万不要错失良机。

华裔电脑名人王安博士，声称影响他一生最大的教训，是发生在他六岁时的一件事情。当时他发现了一只刚出生不久的小麻雀，想把它带回家喂养。当他捂着小鸟走到家门口的时候，突然想起妈妈不允许他在家里养小动物。于是，他将小麻雀放在门口，走进屋去请求妈妈同意。在他的哀求下，妈妈终于破例答应了。但当他兴奋地跑到门口，却发现小麻雀已经不见了，只有一只黑猫正在意犹未尽地舔着嘴巴。虽然很伤心，但从此也记住了一个教训：选择时，一定要把握最佳时机，否则就会永远失去。这个从小就懂得机遇重要性的小男孩，长大后最终成就了一番事业，成为美国企业界轰动一时的传奇人物。

现实是竞争激烈的，很多机会可能就会稍纵即逝。在优柔寡断的人左思右想的时候，机会已经溜到了别人手里。而成功与收获总是光顾有了成功的方法并且付诸行动的人。要想成功，就必须能够及时作出决定。要知道，太多的犹豫和顾忌，只会让我们错失机遇，失去勇气。

有些优柔寡断的人是因为过分谨慎、过度慎重而不敢尝试。但过度谨慎就会让自己无休止地纠缠于细节之中，让人徘徊犹豫，陷入束手无策的境地。更有甚者，因为过多的思虑而失去了行动的勇气。治疗犹豫最好的办法就是行动，毫不犹豫地去做。当断不断，反受其乱，其实，凡世间众人皆有犹豫，但并非所有情况都会同时发生，甚至根本就不会发生，因为犹豫是来自自己的想象，只要有坚强的意志力，便能将其克服。“毒蛇在臂，壮士截腕”，深思熟虑后该出手时就出手，优柔寡断往往误大事。

人生处世感悟

我们不能一有成绩，就像皮球一样，别人拍不得，轻轻一拍，就跳得老高。成绩越大，越要谦虚谨慎。

——王进喜

第二章——

中庸

调和持中是处世上上策

中庸讲究适可而止、恰到好处。在日常生活中，我们不管是做人还是处世，都要掌握火候，懂得适可而止，才能把事情办得最好。

倘若不注意分寸，往往会事与愿违，好事可能就会变成坏事。比如诚信过了头，就成了迂腐；敏捷过了头，就成了圆滑；勇敢过了头，就成了鲁莽；庄重过了头，就成了呆板；礼貌过了头，就成了繁缛。

处世攻略

009 适度才是最高度

无论做什么事，都要有分寸，不过分，恰到好处。比如吃饭，餐餐最好吃到恰到好处，不要因饭菜不好而饿肚子，也不要因饭菜特好而吃得过撑，适可而止，才能永远保持健康的胃口。

倘若不注意分寸，往往会事与愿违，好事可能就会变成坏事。比如诚信过了头，就成了迂腐；敏捷过了头，就成了圆滑；勇敢过了头，就成了鲁莽；庄重过了头，就成了呆板；礼貌过了头，就成了繁缛。

想当年，孔子带领弟子们到祭祀鲁桓公的庙堂去参观，看到了欹器(一种盛水的器皿，无水时会歪向一边)。孔子不知道它是做什么用的，于是，孔子就问守庙的人："这是什么器物？"守庙的人说："这大概是放在座位右边的器物。"

孔子说："我听说这种器物什么也不装时就会歪向一边，盛满一半时就端端正正的，装满了就翻倒。君王把它当做自己最好的警戒物，所以总把它放在座位旁边。"

孔子回头让弟子往器物里灌水。

弟子忙去取了水，慢慢地往里倒。倒一点儿水时，它还是倾斜的；盛满一半的水时，它就端正了；装满水时，就翻倒了。孔子慨叹道："我明白了，哪有装满了却不倒的东西呢！"

弟子走上前去，说："老师，有保持满而不倒的办法吗？"

孔子说："聪明睿智，要用愚笨来调节；功盖天下，要用退让来调节；

威猛无比，要用怯弱来调节；富甲四海，要用谦恭来调节。这就是损抑过分，达到适中状态的方法。”

孔子的话实际上表达了一种“过犹不及”的中庸思想，凡事要恰到好处，不要达不到，也不要太过分。若做过分，就跟做不到位是一样的效果，甚至有时候还不如做不到位。

读到这件关于“欹器”的小故事，相信读者脑海里会忆起一些发生在身边的类似的事情吧？

不管是做人还是办事，都要掌握火候，懂得适可而止，不能不足，也不能太过极端。这也是古人所说的中庸之道。

有一位中文系毕业的小张，在学校时曾发表过不少文章，被同学誉为“才子”。毕业不久后进入一家机关工作。一天，小张看见主任桌上有一份领导发言稿，他觉得文章不够出彩，于是没打招呼就把稿子拿回去改了，改完以后直接把稿子交到领导手里。

那篇稿子原本是主任写的，已经给领导看过，并根据领导的意思做了修改，文章的风格也是领导惯用的。但在开会时，领导读着被小张私自改过的稿子很不习惯，会后，领导对小张的主任大发雷霆。

事后，主任找小张谈话，而小张却觉得自己没做错什么，觉得这样做是在好心帮助主任。从此以后，主任逐渐疏远了小张，也影响到他的职业发展。

所以说，恰到好处、适可而止，是做人处事的一种境界。待人接物要把握好事物的度，小张想出风头没错，但没有适当顾及到主任的感受，从而引起主任的反感并遭到排斥，真是弄巧成拙。

在日常生活中，我们不管是做人还是办事都要掌握火候，懂得适可而止，才能把事情办好。当然，把什么事情都做到“恰到好处”，是非常困难的，其关键在于一个“度”字。实际上人们常常很难把握好这个度，在生活中常常表现为“过犹不及”、“物极必反”、“欲速则不达”。事实上，适可而止是一种高明的处事原则，它需要清醒的头脑和科学的判断。如果我们遇事能适当地加以考虑，并站在旁观者的角度去看待问题，就能够把握有“度”了。掌握了这个“度”，你才会在激烈的竞争中立于不败之地，成功自然也就水到渠成了。

人生处世感悟

别在平野上停留，也别爬太高，从半高处往下看，世界显得最美好。

——尼采

处世攻略

010 话不在多而在于精

俗话说："言多必失。"如果一个人总是滔滔不绝地讲话，话里就自然而然地会暴露出过多的个人信息，比如你对事物的态度、你对事态发展的看法、你今后的打算等等，从而被你的对手所了解，让他人先发制人，以至影响了你的前进和发展。

三国时期，有个名叫殷模的校尉犯了错，孙权非常恼怒，准备要治他的罪。大臣们纷纷为他求情，结果越劝孙权的火气越大。这时，诸葛瑾独自坐在一边，默不作声。

孙权看到后问道："你怎么不说话？"诸葛瑾说："我和殷模因为家乡战乱不止，所以不远千里来投靠您。我本当和他一起互相督促以报答您，却没想到殷模辜负了你的恩惠，犯了错，我想到这中间也有我的过失，实在不敢再说什么劝你的话。"

听了诸葛瑾这番感人肺腑的话，孙权很伤感，心中的气也消了下来，最后说道："唉，看在你的面子上，赦免了殷模吧。"

孙权很想治殷模的罪，诸葛瑾却想要救殷模，该怎么办呢？诸葛瑾以"晓之以理、动之以情"的方式，描述他们为生活所迫，为时势所逼，不得已背井离乡来投奔孙权。殷模偶尔犯错只是一时糊涂，并没有故意犯上的意思。孙权听后心情顺畅了很多，当下就赦免了殷模。

诸葛瑾在这里并不是跟其他大臣们一样滔滔不绝地、直接正面地为殷模求情，而是立意于殷模绝对效忠国家的事实，具体生动，简要委婉，巧妙地达到了劝说的目的。

由此可见，说话技巧在社会处世中是多么重要的一个环节。相信在你的生活中、职场中一定也发生过因说话不当而造成不良后果的实例吧？

有这么一个关于大学生应聘的故事：小张和小王去一家公司应聘，两人条件都很出色，顺利进入了最后一轮的面试。小张为了获得主考官的好感，夸夸其谈，东拉西扯，大肆吹嘘自己的能力如何高、关系网如何强，并提出一大堆的建议和设想。而小王恰恰相反，在面试时，他一直耐心倾听主考官的谈话，很少插嘴，面试结束时，他才委婉地说道："我非常赞同您的观点。如果我能被录用的话，还望您今后多多指导。"几天后，小王顺利地接到了录用通知，而小张则被淘汰了。

在求职就业中，大多数人常犯的最大错误就是像小张一样高谈阔论，夸夸其谈，生怕别人不知道他的能耐，在急于表现的同时也充分暴露了骄傲自满的弱点。

在什么场合应该说什么话、怎么说，都要注意精心设计。无论是日常人际交往还是工作中的谈判应酬，每一句从我们嘴里说出来的话，都要有一个中心，要有实质性的内容，最好能达到"不鸣则已，一鸣惊人"的效果，而不要东拉西扯，语无伦次，令人生厌。

尤其是在别人面前喋喋不休，会给人留下不好的印象。现在生活节奏日益加快，没有人愿意或有耐心去听别人喋喋不休地讲话。这就要求你说话要说到点子上，要有道理、有逻辑，切中要害，才能事半功倍。

人生处世感悟

装假固然不好，处处坦白，也不成，这要看是什么时候。和朋友谈心，不必留心，但和敌人对面，却必须刻刻防备，我们和朋友在一起，可以脱掉衣服，但上阵要穿甲。

——鲁迅

处世攻略

011 留一份情面，留一条后路

当别人犯错误时，如果你当面批评，可能会引起对方的反感，甚至产生逆反心理，最终达不到想要的目的。而如果能私下地、巧妙地指出对方的缺点，让他意识到自己的错误，将会产生极好的效果。

刘备当上蜀国皇帝后，有一年天旱无雨，粮食欠收。为了度过荒年，刘备下令各地年内禁止酿酒、酗酒，甚至连酿酒的工具也禁止保存，一经查出，与酿酒、酗酒同罪。禁令一出，百姓叫苦连天，但刘备的态度却很坚决。大臣简雍觉得这件事非常不利于安稳民心，但又不方便当面指出，只能另寻机会进行劝导。

有一天，简雍同刘备出行，看见一对男女远远走来，简雍就向刘备说："这对男女将犯淫罪，可以将他们拘捕法办。"刘备惊讶地问道："你怎么断定他们会犯淫罪呢？"

简雍回答："很简单，因为他们身上都有淫具啊！"

刘备听后捧腹大笑，大笑之后也略有所悟，明白了简雍隐喻的意思，于是取消了不准保存酿酒器具的禁令。

简雍就是这样以迂回幽默的方式，让刘备轻松地接受了他的建议。

其实，现实生活中经常会遇到像这样需要我们提建议或劝说别人的时候，那么该如何轻松而有效地让对方接受我们的想法呢？

有这么一个职场故事：一位主管在众人面前大声地斥责一位个性温和的员工："既然是男人，就应该挺起胸膛，不要畏首畏尾的像个女人，难道不觉得丢我们男人的脸吗？”在众人面前遭到斥责的这位员工，低着头往办公室外走去。主管想他或许是去洗手间了，但是过了很久却仍不见他的踪影。主管忙让员工四处寻找，最后发现他站在楼顶，手扶着围墙正往下看。主管见状，顿时吃惊，也瞬间忏悔：每个人的心理素质都是不一样的，从今以后，一定不能再这么毫无情面地批评员工了。

因为主管当面直接的批评，让心理素质不高的下属感觉很难堪，觉得无颜面示人，差点就自寻短见！

职场中的领导者应该懂得，没有员工希望别人知道自己犯错误了、被批评了。在工作中，对于一些影响不大，又不属于原则性的错误，领导应尽量选择单独会谈的方式，没有必要当着别人的面公开指责，要给下级足够的安全感。不仅让对方意识到自己的错误，同时让他能听出“改过就好，这事我不向别人说”的暗示，让对方足够放心。

而下级给领导提意见时，同样也要顾及领导的面子，不能当众指责领导的错误，让领导下不来台。要知道，在中国，面子是一件很重要的事情。如果你不给领导面子，甚至激怒了领导，也许领导就会对你心存怨恨，影响你的晋升之路。在和领导的交往过程中，如果不得已必须提出自己的想法时，一定要在私下单独的场合委婉地提出，这样才有利于对方接受。

批评的目的是为了帮助别人，避免犯不必要的错误，并不是要把对方置于死地，让对方无颜面示人。所以批评对方或给对方提建议时，尽量要顾及其尊严，避免在公共场合公开指责。

人生处世感悟

给那些不友好的人善意的微笑，既能够让对方无地自容，也能够给别人留下大度且善解人意的好印象。

——杨澜

处世攻略 012 永远不要看不起暂时不如你的人

口出狂言的人往往是以自我为中心，在众人聚集的地方，他们会产生一种莫名的鹤立鸡群的感觉，总是不失时机地卖弄自己的本事，他们并不会因为自己缺乏内敛或丢人现眼而感到耻辱，反而会因为得到同样缺乏内敛的人的喝彩而沾沾自喜。这种人在关键时候就会掉链子，现出力不从心的原形，最终误人误己。

东汉末年，曹操发布了一份《求贤令》，招纳人才。颖悟过人、才思敏捷却狂放不羁的祢衡自荆州赶来，希望一展抱负。

初入曹营，祢衡就仰天长叹，一语惊人："天地虽阔，何无一人也？"曹操深感疑惑，便列举手下能臣干将的英雄事迹，却被祢衡一一数落。曹操怒问："你有什么本事？"祢衡侃侃而谈："我上知天文，下晓地理，三教九流无所不晓，故典史籍无所不通。心怀大志，能拯救天下。岂是和你们这帮俗人相提并论的！"

曹操自然没收留祢衡。他又去见刘表、黄祖，还是走一处骂一处，最后终于被黄祖砍了脑袋，为后人留下了个笑柄。

祢衡如此狂妄，难怪连求贤若渴的曹操也难以忍受。祢衡之死虽令人惋惜，却也在情理之中。他既无自知之明，又不通人情世故。对于当时赫赫有名、割据一方的黄祖，他依然心高气傲、狂悖无礼，其结局可以说是咎由自取。

当你我都在惋惜一个博学的人才因狂妄而最终丧命，不得不引人反思，谦卑做人是多么重要的品质。经常看篮球比赛的读者，也许对口无遮拦的知名“大嘴”巴克利并不陌生。

姚明刚进NBA不久，巴克利很看不起这位中国状元，当姚明在最初的几场比赛中发挥失常后，巴克利更是肆无忌惮。他扬言，要是姚明能在接下来火箭主场迎战金州勇士的比赛中拿下19分以上，他将亲吻姚明的屁股。

可惜的是，姚明在那场比赛中只得到3分。于是，巴克利更加狂妄了。在节目中他再次扬言，只要姚明能在本赛季余下的任何一场比赛中拿下19分以上，他将亲吻他的评论员搭档、前火箭队球星肯尼·史密斯的屁股。

结果一星期后，在火箭队对洛杉矶湖人的比赛中，姚明拿下了20分。这下，一向对姚明欣赏有加的史密斯逼着巴克利履行诺言。令巴克利尴尬的是，史密斯却不愿意被巴克利吻屁股，他牵来一头驴作为自己的替代品，并逼迫巴克利在驴屁股上兑现承诺。

“满招损，谦受益”，这是再明显不过的道理了。可是有许多像巴克利一样有点资历的人，往往在这方面吃亏。亲吻驴屁股，这就是巴克利口出狂言的恶果。

要想避开无谓的纷争，在职场上获得平稳的发展，就要保持谦卑的姿态。许多人一开始也是心高气傲的，常以为周围的人皆不如己，但在现实中处处碰壁之后，慢慢领悟了碰壁的理由，再加上阅历的增加，为了达到与环境共融，他们渐渐收敛起自己的个性，变得谦卑起来，从而慢慢走向成功。无论何时何地，我们都应保持一颗谦卑的心，唯有如此，生命才有了一种无法言传的尊严和价值。

人生处世感悟

当我们是大为谦卑的时候，便是我们最近于伟大的时候。

——泰戈尔

处世攻略

013 说话也要拿捏分寸

生活中我们常常会遇到这样的情况，总有一些脱口而出的话语让自己在事后感到后悔不已。因此，在与人交流的过程中，一定要先动脑再动口，在“心里话”说出之前，稍微修饰一下它的棱角，仔细地把握好说话的分寸，也许难免会让人觉得过于刻意或谨慎，但总比“失言”之后再去“亡羊补牢”要好得多。

王僧虔是南朝著名书法家，王羲之四世族孙，擅长楷书、行书。他的书法传承祖法，丰厚淳朴而有骨力。齐高帝萧道成虽然戎马生涯，却饱读经书，对于书法也勤学苦练，且水平颇高。因热爱书法，萧道成经常举行书法比赛。

有一次萧道成与王僧虔比试书法，两人各书一幅之后，萧道成问：“你看咱俩的书法谁可以得第一名？”王僧虔眨眨眼睛，沉吟了一会儿，回答说：“我的书法，在臣子当中要算是最好的，而陛下您的书法，在皇帝中是首屈一指的。”萧道成听罢哈哈大笑说：“你这个王僧虔呀，真算得上既会奉承别人，又善于标榜自我了！”

在回答萧道成的问话时，王僧虔借题发挥，避重就轻，巧妙应对，使自己摆脱了不利的境地。不过萧道成自己心里明白，他的书法是不如王僧虔的好。

好一个擅长书法更擅长说话之道的王僧虔啊。虽然古有王僧虔，但今也不乏很懂说话技巧的人。

一次，著名表演艺术家黄宏参加总政歌舞团举办的一次大型晚会。晚会主办者要求演员为观众准备一些奖品，并写一封针对获奖观众的信。黄宏买了一对木棉枕头作奖品。

获奖观众上台领奖时，打开了黄宏写的信。黄宏在信中写道：“如果这对枕头被未婚者抓到了，希望你把另外一只留给你的梦中情人；如果被已婚者抓到了，希望你们夫妻共枕，千万不要同床异梦；如果被领导抓到了，希望你多为大家排忧解难，任重道远，千万不能高枕无忧！”

信被念完之后，全场立刻响起雷鸣般的掌声，大家都对黄宏高超的语言艺术赞叹不已。

由于黄宏事先不知道获奖者到底是谁，只能虚拟三种获奖的对象，然后根据不同的对象给予相应的祝福。妙的是，这些祝福虽各不相同，但却都与枕头密切相关，因此整个祝词显得滴水不漏，恰到好处。

其实要想把话说得恰到好处，最重要的是注意分寸。从某种意义上说，分寸是一种不偏不倚、可进可退的中庸哲学。一方面，话说不到位不行，说不到位，别人可能悟不明白，理解不透，琢磨不出你的真实用意，你提出的想法或要求也不会被人重视和接受，非但事情办不成，也常常不被人瞧得起。另一方面，话说得太过头、言辞太尖刻不行，会让人听了不愉快，觉得你不识大体，不懂规矩，这样的人常常被人敬而远之，也同样无法与人友好交往。还有一个方面，就是话说得不巧妙不行，太憨实，有时会招来嗤笑；太絮叨，有时会招来反感；太直露，有时会招来麻烦；太幼稚，有时会令人瞧不起。

人生处世感悟

我们可能被多言伤害，但不会被沉默伤害，故智者寡言。

——蒲鲁塔克

处世攻略

014 别被别人卖了，还在帮人数钞票

害人之心不可有，防人之心不可无。防人之心是一种基本的自我保护的能力，是保证我们最基本的利益不受侵害的手段，如果没有防人之心，我们就会赤裸裸地被展示在任何人的眼里，这对自己是十分不利的。因此需要改变一下过于单纯的心性，凡事多给自己留个心眼。

秦桧从金国逃回到南宋后，起初并没能得皇帝和大臣们的信任。后来，秦桧用重金贿赂了当时的宰相范宗尹，极尽谄媚之态，终于赢得了范宗尹的好感，于是他在皇帝面前极力举荐秦桧，从而使秦桧升为副相。

但是，秦桧无视范宗尹的知遇之恩，反将他视为继续上爬的绊脚石，总想找机会把范宗尹扳倒，自己取而代之。

一次，范宗尹私下问秦桧："皇上欲发布大赦令，且百官加升一级。因朝中尚有蔡京所提拔之余党，吾欲谏阻此事，你意下如何？"秦桧深知范宗尹此举是为了排除异己，但势必会伤害百官的利益，定会遭到大臣们的反对，如果这样范宗尹将陷入孤立。这正是扳倒范宗尹的大好时机。因此秦桧表面上极力支持，大声叫好，表示要予以声援。其实是想致范宗尹于死地。

秦桧的表态坚定了范宗尹的决心，次日早朝，他便将此议上奏，果然遭到大臣们的激烈反对。惶急中，范宗尹希望秦桧能施之援手。不料秦桧开口却尽是反对之辞，态度较群臣更加激烈。秦桧的举动赢得了大臣们的拥护，连皇帝也颇为赞许。这时范宗尹才知中了秦桧的奸计，无

奈之下，他只得请求辞职。最终，老谋深算的秦桧接掌了相位，其阴谋终于得逞。

人心叵测，不是所有的人都能善意地对待他人，有时候我们的一片好心可能会被别人利用。就如故事中的范宗尹，对秦桧有知遇之恩，没想到却被秦桧从背地里捅了一刀，只能打掉牙往肚子里吞。

诸如此类好心却被人暗算的例子比比皆是。有这么一个故事相信你肯定听说过：

张力骑自行车上班，途中看见一位老太太颤巍巍地横过马路，他有意从一边绕过去，并叮嘱她要走稳点。没想到他刚超过她不远，老太太却自己摔倒了。于是张力打车送老太太到医院，一边安排检查，一边试图与她的家人取得联系。

刚开始，老太太一个劲地感谢他，夸他心地好。过了一会，老太太的家人赶过来了。就在张力准备离开时，老太太开始口吐鲜血，不久便因抢救无效身亡。

老太太的家人认定是张力撞到了老太太，要求张力赔偿，张力是有口难言，因为忙于救人，他甚至没有找一个见证人。最后，出于无奈，张力与老太太的家属达成协议，由他负担老太太在医院的全部治疗费用，并一次性补偿家属两万元。

张力的助人行为是没错的，但他没有想到人心叵测，在做好事的时候忘了要多个心眼儿，从而陷入了是非之地。因此在做好事时，一定要学会自我保护。

在遇到困难时，人们常会求助别人帮助自己渡过难关，这时我们应该尽自己所能帮助别人，但有时我们的一片好心可能会被别人冤枉、利用。为了避免这种情况，我们在好心帮人忙的时候要懂得保护自己，要提防对方利用自己的好心，以免惹祸上身。

而在职场中，我们要谨防有“红眼病”的人，这些人看不惯别人过得比自己好，无法忍受别人得到的比自己多，看到同事做出成绩、得到升迁，就会有意无意地酸别人几句，甚至会背地里使坏、作梗。针对这种人，最好的方式是行事不要过于高调，尽量多谦卑一点，低调一些。

人心隔肚皮，不管在什么时候都不要放松警惕，要多一个心眼，看清世事，不要把所有的人都想得跟自己一样的好心。而人在社会上立足，难免会有一些曝光，这时要特别注意眼观六路，耳听八方，免得成了别人的箭靶还不知道。

人生处世感悟

不可因为他们的好，忘了他们的坏，不要因为他们的恶，忘了他们的善。

免得你被卖了，还在帮人数钞票！

——刘墉

处世攻略

015 聪明反被聪明误

英国思想家培根说过："生活中有许多人徒然具有一副聪明的外貌，却并没有聪明的实质——'小聪明，大糊涂'。冷眼看看这种人怎样机关算尽，办出一件件蠢事，简直是令人好笑的……因为没有比这种假聪明更误大事了。"其实愚笨的人都希望自己聪明，聪明的人希望自己更加聪明，没有人愿意自己是个傻子。聪明不是坏事，但自以为聪明，总认为自己了不起，不知适可而止往往就会做出"聪明反被聪明误"的事情来。

五代时期，慕容彦超担任节度使时，辖下的官方当铺里发生了一件诈骗案。有个奸民拿了一些外表用银皮包裹而里面却是铁块的"铁胎银"来当铺换钱时，并没被识破，过了一段时间，当铺的人才发觉受骗上当。

慕容彦超知道这件事后不动声色，对外谎称当铺的所有物品都被盗了，发出公告要求所有到过当铺典当物品的民众前来登记当过的物品，以便核实损失的财物。结果从登记的人当中发现了典当"铁胎银"的奸民。

慕容彦超派人抓到骗子，并没有将其治罪，而是将他安置到密室里，组织了十多个人大量制造这种"铁胎银"，用来"犒赏"士兵，结果被士兵们发现后士气大受打击。不久周太祖率军亲征，攻下了慕容彦超的城池，慕容彦超夫妇无路可走，双双投井自尽。

慕容彦超颇有才略，却在奖励士兵时耍阴手段，用"铁胎银"犒赏士兵，结果被士兵发现，不愿为他效力，导致他兵败自杀，真是聪明反被聪明误，贪小便宜吃大亏。

“聪明反被聪明误”的案例，或许你并不陌生，尤其是熟悉现代职场潜规则的职场人士，更是了解爱耍小聪明的人吃大亏的下场。这里讲一个精于算计的职场女性的故事：

刚进公司不久的王芳，为人比较低调，深得大家的喜欢。大家下班后聚餐或者有什么娱乐活动，总会叫上她。但是王芳为了不花费自己的钱，总是在聚餐或唱歌快结束时，找个借口开溜。当然，一次两次的时候大家也没放在心上。

有些人之所以失败，并不是因为不够聪明，而是因为过于自作聪明。过分地算计他人，难免会招来他人更疯狂的暗算。

又一次，大家相约下班后去一家海鲜城聚餐。这家餐馆环境很好，口味也不错，一会儿功夫，王芳面前就堆满了各种鱼虾、贝壳等昂贵海鲜。就在大家津津有味地吃到一半的时候，王芳突然趴在桌子上，两手捂着肚子，满脸痛苦相。王芳的经理赶忙把她搀出饭店，打车去往医院。

出租车驶出一段距离后，王芳的表情有些缓和，对经理说："我现在感觉好点了，回家休息一下就好了，用不着去医院。"于是经理把王芳送到了家，并付了车钱。

事后大家回想起王芳之前的每次表现，一下子全明白了她的本意。从此，大家对王芳逐渐有了戒心，有聚会活动时也不再叫王芳了。

现实生活中，像王芳这种爱耍小聪明的人很多。这种人自我感觉良好，精于算计，导致大家都对她敬而远之，最终机关算尽，却让自己的道路越走越窄。

《红楼梦》中对王熙凤的判词是这样的："机关算尽太聪明，反误了卿卿性命"。王熙凤在贾府算是一个"巾帼英雄"了，然而，就是这样一个如此精明的人物，却落得孤家寡人，身心劳碌至死，最终一无所得的下场，正应了"聪明反被聪明误"那句话。

世间有许多这种"聪明反被聪明误"的例子。然而，令人感叹的是，从古至今仍然有那么多自认聪明的人前仆后继，陷于其中不能自拔。事实上，爱耍小聪明的人头上都悬着一把"达摩克利斯剑"，这把剑随时会落到他的头上。如果聪明过头，就会聪明反被聪明误，那便是一种愚蠢了。

人生处世感悟

聪明，人人向往，但人生光有聪明是远远不够的。《三国演义》里面的周瑜，有着盖世的聪明，可惜气度太小，胸怀太窄，结果在"既生瑜何生亮"的纠结中葬送了自己。

——佚名

处世攻略

016 大巧若拙才是真聪明

西方有一句名言："要比别人聪明，但不要让他们知道。"老子也说过："大巧若拙。"外露的聪明远不如深藏的智慧更有实际意义。聪明的人绝不会轻易暴露自己的底牌，使自己看起来"糊涂"点，在"野心"尚未实现之前，不让人看出自己的行踪和去向，也就避免了对手的暗算。

赫赫有名的晚清重臣曾国藩，是一个锋芒太露的人，处处遭人忌妒、受人暗算，甚至连咸丰皇帝也不完全信任他。他父亲病逝时，皇帝给了他三个月的假，令他假满后再带兵作战。曾国藩伸手要权却被拒绝，随即上书试探咸丰帝，说自己回到家乡后日夜惶恐不安。咸丰皇帝十分明白曾国藩的意图，他见江西军务已有好转，而曾国藩已不是"救火员"了，效命可以，授予实权万万不可。于是，便让他继续在家守孝。这时，曾国藩又承受着来自各方面的舆论压力。曾国藩离军奔丧，已属不忠，此后又以复出作为要求实权的筹码，因此，招来了种种指责与非议，再次成为舆论的中心。曾国藩忧心忡忡，遂导致失眠。

这时朋友们的劝解，使他陷入深深的反思。曾国藩感到自己在修养方面有很多弱点，在为人处事方面锋芒太露，固执己见，自命不凡，一味蛮干。在经历了一段时期的自省自悟以后，曾国藩在自我修身方面有了很大的改变。为人处事不再锋芒毕露，日益变得低调、圆融、通达。最终曾国藩被封为一等勇毅侯，成为清代以文人而封武侯的第一人。

曾国藩之所以获如此成就，是因为在成为众矢之的、遭受各方非难时，及时深刻地反省自己，意识到根源的所在，等他再次复出时，他藏起锋芒，变得成熟与世故了，从而在宦海沉浮中游刃有余。

由此可见，“锋芒太露、固执己见”是多么糟糕的一个问题，“人情世故”是多么需要每个人学习和掌握的必备技巧。再来看一个关于推销员因锋芒外露而招同事妒忌的案例：

李明在一家医疗器材公司做推销员，由于他头脑灵活，不怕吃苦，逐渐招揽了一些大客户，每月的业绩也逐步上升，成为了部门的骨干，并萌发了担任副经理的想法。于是在一次会议上，李明当众向领导毛遂自荐。经理点点头，说考虑一下。

没想到自那次会议后，李明周围的同事对他越来越冷淡。其实他有所不知，部门的很多人都在觊觎副经理那个职位，明争暗夺了很长时间，迟迟没有定下来。而这次李明公开表明自己向往这个职位，加上他又有业务上的优势，无疑引起了其他同事的妒忌和不满。一时间，大家纷纷向经理控诉李明的“罪状”：恶性竞争，挖别人的墙角，抢别人的生意……半个月后，忍受不了同事闲言碎语的李明被迫离开了公司。

刚参加工作的年轻人，往往雄心高涨，很多时候不知道掩饰自己，自己的想法、志向都暴露在众人眼底，殊不知在自己看来是雄心壮志，在别人看来却可能是野心勃勃。你的锋芒外露，必然会使他人感觉受到了威胁，从而为自己招致不必要的麻烦。无论是做大事还是一般人际关系，锋芒不可毕露。有才华固然很好，但在合适的时机运用才华，避免功高盖主，避免被人嫉妒，才算是真正的聪明。

人生处世感悟

世界上没有傻子。今天你可以剥夺别人的利益，明天也可以继续剥夺，但后天你将得到一颗苦瓜。

——牛根生

第三章——

豁达

天塌下来也要从容淡定

成功并不能用一个人达到什么地位来衡量，而是依据他在迈向成功的过程中，到底克服了多少困难和阻碍。遇到困难，就要想办法勇敢地跨过去。

无论面临成绩与收获，还是失意与痛苦，都要淡定。在有所收获时，要懂得知足和淡定，在遭遇不公时，要学会释然和无所畏惧，保持处变而不惊的心境，这才是人生最正确的态度，惟其如此，才能在平凡的生活中寻找到快乐。

处世攻略

017 抛砖引玉，让小利得大利

俗话说，吃亏是福。吃亏并非是损失，吃亏是一种处世的老经验。其实，学会吃亏，善于吃亏，并不代表一个人无能、无知。只有聪明的人才甘于吃亏、乐于吃亏，把吃亏当做一种福气。善于得利的人，也善于吃亏。

东汉年间的太学博士甄宇，为人忠厚，遇事谦让。一次，皇上将外番进贡来的活羊赏赐给群臣，每人一只。但因为这批羊有大有小，肥瘦不均，所以难以分发。大家议论纷纷，有人主张将羊通通杀掉，平均分配。有人主张抓阄分羊，好坏全凭运气。

甄宇说："大家不要争吵了，我看每人牵一只羊就行了。"说完，他便牵走最瘦小的那只羊。这时，大家都不好意思牵肥的羊，都争着去牵小的羊，羊很快就分完了。

皇帝知道这件事后，非常高兴，给了甄宇一个"瘦羊博士"的美称。不久在群臣推荐下，他又被朝廷提拔为太学博士祭酒。

从表面上看，甄宇牵走了小羊吃了亏，但是，他却得到了群臣的拥戴、皇上的器重。这个故事告诉我们，有些事情当时可能是吃点儿亏，但事后终会有一个好的结果。古往今来，总是不乏此类精明的人，此类精明的故事。

据说，有一位山西煤老板，没有过高的学历，也没有过硬的背景，但生意却发展得出奇的好。他的成功秘诀非常简单，就是与每个合作者做生意的时候，他都只拿利润的一小部分，把利润的大头让给对方。如此一来，凡是与他合作过一次的人，都愿意与他继续合作，而且还会给他介绍更多的客户。于是，他的生意越做越顺畅，企业规模越来越大。

生活中有很多聪明人，能从吃亏当中获得更多收益，煤炭老板就是其中的一位。虽然眼前他只拿利润的一小部分，但人人都乐意跟他合作，很多生意的利润累积起来，就成为数目很大的利润，成为最终的赢家。

当然，一个人不能事事光想着占便宜，有些事情当时占了小便宜，最终导致的结果往往是吃大亏。现实生活中，那些为人正直、不计得失的人，往往容易交到更多的朋友，他们所体现出来的“吃亏是福”的肚量，往往能够获得他人的青睐，获得更多的机会。而那些小肚鸡肠、斤斤计较的人，人们对他们一般没有什么好感。这些人从来不为别人考虑，总算计着如何获得更多的利益，这会使他周围的人对他很反感，从而拒绝与他继续合作。合作伙伴一个个离他而去，那他不是吃了大亏吗？

不计较眼前的得失，看似很吃亏，但从长远来看，却蕴涵着人生的大智慧。世界上没有白吃的亏，有付出必然有回报，生活中有太多的这种事情，如果过于斤斤计较，往往达不到既定的目标。开始时吃点亏，是为以后的不吃亏打基础，不计较眼前的得失是为了着眼于更大的目标。

生活中总有这样的人，他们总怕吃亏，总想占便宜，可最终吃亏的是自己，因为他失去了人们的尊重和信赖，最终结果是什么便宜也赚不到。而那些信奉“吃亏是福”的人，不怕便宜了别人，在让利于别人的同时又使自己获益，何乐而不为呢？

人生处世感悟

如果我们想交朋友，就要先为别人做些事——那些需要花时间、体力、体贴、奉献才能做到的事。

——卡耐基

处世攻略

018 让领导做主角，让自己做配角

中国人的处世哲学讲究内敛，有本事也要姿态低调。你做出了成绩，说明你很有能力，而此时你又能将自己所立的功劳礼让给领导，让得诚恳，让得心甘情愿，就会使你的人格变得更伟大，上司也一定会感激你，对你产生好感，以后会继续给你创造立功的机会。在一个团队中，如果能得到上司的帮助或指导，对你工作的顺利开展是大有裨益的。如果把功劳据为己有，抢了领导的风头，就会导致领导的不满，为以后的工作埋下隐患。只会打眼前算盘、短视近利的人，将来一定会吃大亏。

龚遂是汉朝平阳人。汉宣帝时，渤海各郡收成不好，盗贼纷纷出现，官府无法制服。宣帝就任命龚遂为渤海郡太守。龚遂到任后，打开地方的粮仓，赈济贫苦百姓，选用廉洁的地方官吏，鼓励农业生产。几年后，社会逐渐安定，人们都有了积蓄，犯罪的现象都根除了。

有一天皇帝召他进京。谋士王生找到他说："皇上如果问你渤海郡是怎样治理好的，你准备怎么回答呢？"龚遂说："我怎么治理就说怎么治理呀。"王生说："不好，你千万不能实话实说，你应当说，都是陛下的圣德隆恩所致，并不是微臣的能力。"

龚遂想想有理，便答应了。见了皇上后，皇上果然问他渤海郡是怎样治理的，龚遂便把王生教他的话说了一遍。汉宣帝听后十分高兴，便让他担任一个显要而又轻闲的官职。

与其说汉宣帝奖赏的是龚遂的治理有功，不如说奖赏的是他的拍马有术。作为臣子，最忌讳的就是自表其功，自矜其能。而龚遂将功劳全部归功于皇上，让自己在皇帝心中留下了美好的印象。

小张刚来公司不久，由于性格外向，跟每个人相处得都不错。在大家的协助和自己的努力下，他完成了一笔大订单。领导非常高兴，开会时着重表扬了他，并给他发了一笔奖金。会议结束时，领导暗示他“表示一下”。可涉世不深的小张认为这笔订单主要是自己的功劳，就没有请客，也没有感谢大家的帮助。大家虽然表面上没说什么，但心里都有点别扭。

不久，小张发现与同事间融洽的关系有些隔阂了，大家对他有些冷淡，都不爱搭理他了，由于同事的不太配合，自己的工作很难开展下去了。

学会让领导做主角，让自己做配角。

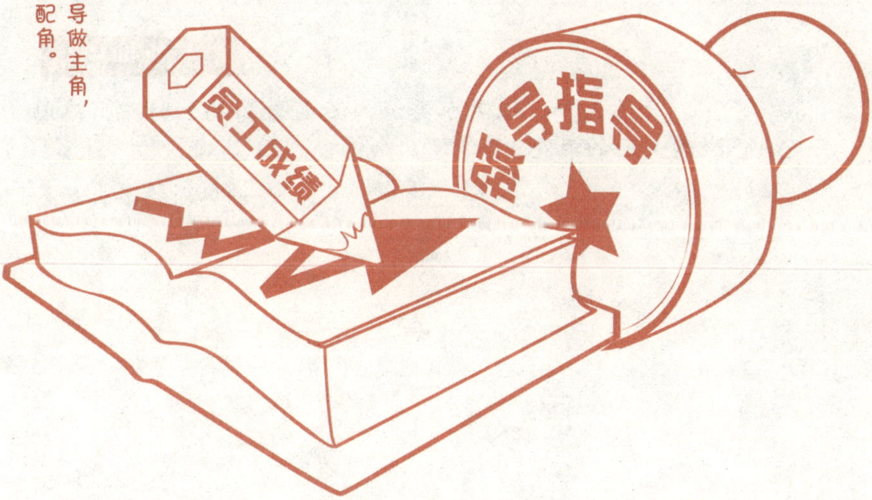

真正聪明的人，都是懂得推功揽过的人。优秀的雇员，一定会懂得谦恭、礼让，不把功劳据为己有。尽可能地礼让功劳，让领导唱主角，只有好处没有坏处。

在取得成绩时，小张没有抓住这个机会感谢大家的配合和帮助，给人造成一种居头功的印象，使同事觉得他不通人情，因此大家纷纷冷淡、孤立他。

不但要对领导礼让功劳，也要与同事一起分享功劳。工作上我们的每一份成功都不是自己的，都是靠同事之间互相配合、互相帮助才能成功的，所以成功后，一定要和同事分享功劳。即使你凭一己之力得来的成果，也不可独占功劳。相对的，如果大大方方地和那些属于同一部门、曾经协助过你的同事一起来分享功劳，这样一方面可以做个顺水人情，另一方面领导也会认为你很懂得搞好人际关系，而给你更高的评价。

为人处世必须学会谦恭、礼让，有了成绩，不要把所有的功劳都揽在自己身上，而要把功劳还给大家，这也就是老子所说的“为而不有，功成不居，唯其不居，是以不去”。只有懂得礼让的人，才有可能真正赢得身边同事、朋友的心，其人生的道路也会越走越宽。

人生处世感悟

人的生命，似洪水奔流，不遇着岛屿和暗礁，难以激起美丽的浪花。

——奥斯特洛夫斯基

处世攻略

019 心怀嫉妒，不如奋发图强

嫉妒是人的一种本性，在生活中也无处不在。如果嫉妒心过强，很容易使人走火入魔，酿成悲剧，损害别人，贻误自己。

孙膑、庞涓两人为学习兵法，拜鬼谷子为师。几年后，魏惠王广招天下贤士，庞涓有些心动，于是下山晋见魏惠王。很快，庞涓的军事才华得到魏惠王的赏识，当上了将军。他率军击败了宋国和卫国，又打退了齐国的进攻，使齐国人再不敢犯境。

魏惠王得到庞涓后并不满足，他听说庞涓的同学孙膑非常有才能，就命庞涓把孙膑请来。庞涓暗想：孙膑来到魏国后，估计声名威望很快就会超过自己。庞涓心胸狭窄，嫉妒心强，他不能容忍孙膑在他之上，因此寝食不安，日夜想着对策。

盘算过后，庞涓把孙膑请到魏国，然后在魏惠王面前诬陷孙膑有通敌之罪，使孙膑遭受"膑刑"，也就是膝盖骨被割掉了。孙膑明白了庞涓在陷害他，于是设计离开魏国来到齐国，当上了大将军田忌的军师。

几年后，庞涓率大军攻打韩国，韩国向齐国求援，齐王命田忌、孙膑领兵救韩。孙膑没有直接去援助韩国，而是去攻打魏国。庞涓发现齐军的意图后马上回国解围，结果中了齐军的埋伏，身负重伤，拔剑自杀。

由于孙膑比他有才华，在嫉妒心的作用下，庞涓陷害了孙膑，最终他为自己的嫉妒心付出了生命的代价。庞涓因嫉妒而害人，最终害己。

因嫉妒心强而害人害己的事情，身边也不乏一二。有这么两位推销员的小故事：

王强和陈玄同时进入一家推销公司，一年工作期间，王强屡次被评为月度的“明星推销员”，个人待遇也逐步提高，不但收入增加了，而且公司还给他配了一辆车。而陈玄则业绩平平，没有太多的长进。

看着一同进公司的同事风光无限的样子，陈玄心里充满了嫉妒：凭什么他的收入是我的好几倍？陈玄思考了几天，终于明白：自己不思进取、好逸恶劳的性格是造成现状的根本原因。

从此以后，陈玄像变了一个人似的，再也不迟到早退了，每天起早贪黑地跑客户，深夜加班整理客户资料，频繁地联系客户，了解需求。半年过去后，陈玄的业绩竟然超过了王强，也当上了“明星推销员”，得到了公司的奖励。

临渊羡鱼，不如退而结网。陈玄并没有一味地眼红同事的高薪和得宠，而是化嫉妒为动力，找出落后的原因，奋起直追，从而超越了对方。

著名思想家罗素说过：“嫉妒尽管是一种罪恶，它的作用尽管可怕，但并非完全是一个恶魔。它的一部分是一种英雄式的痛苦的表现；人们在黑夜里盲目地摸索，也许走向一个更好的归宿，也许只是走向死亡与毁灭。”嫉妒的确是人性阴暗的一面。但是，任何人都不必为自己曾经有过或者现在还有的嫉妒心感到羞耻或者背上沉重的思想包袱。

人生处世感悟

能成大事业的人，都善于舒散心情，他们多半有着豁达的胸怀和开朗的性格，能够在繁忙激动之后，放松自己，享受宁静，静观外界的发展，筹算未来的进度，并恢复元气和冲力。

——刘墉

处世攻略

020 天塌下来也要有一颗淡定的心

“宠辱不惊，淡看得失”的平常心，是中国传统文化中睿智的典型。它告诉我们不要因为外物的所得而骄傲和狂喜，也不要因为个人的失意潦倒而悲伤。无论面对失败还是成功，都要保持一种恒定淡然的心态，如此生活才能安心，才能知足。

西汉宗室淮南王刘安编著的《淮南子》中记载了这样一个故事：

居住在靠近边塞的人中，有一位擅长推测吉凶掌握术数的老人。有一天，他家里养的一匹马无缘无故跑到了胡人的住地。邻居们纷纷来安慰他，那老人却说：“这件事未必不是福！”过了几个月，走失的那匹马带着一匹胡人的良马回来了。邻居们都前来祝贺他，那老人又说：“这未必不是祸！”老人家中有了好马，他的儿子爱好骑马，结果从马上掉下来摔断了大腿。邻居们都前来慰问他，那老人说：“这倒未必不是福！”过了一年，胡人大举入侵边塞，壮丁统统被征调当兵，战死沙场的人占了十分之九。而老人的儿子因为腿瘸的缘故免于征战，从而保全了性命。

这位老人没有因为丢一匹马而伤心欲绝，也没有因为多一匹马而兴高采烈，并没有计较一时的得失。在遇到挫折时，他总是调整自己的心态，超越时间和空间去观察问题，超然物外，淡泊恬静。

在这个很多时候以成绩论能力的现实社会，名利越来越被人们看做是一种必不可少的社会价值。然而，财富、成就只是对一个人过去价值的承认，始终保持一颗迎接未来的乐观心态，才不会因一时的成功而故步自封，不思进取。

青年张力以优异的成绩大学毕业后，因种种原因，被分配到一个偏远的小镇当教师，工资微薄。而当初学习成绩并不如他的同窗，却因家有后盾，便轻而易举地拥有一份体面的工作、拿着丰厚的薪水。即便如此，张力并没有一味抱怨命运的不公，他本着“既来之，则安之”的原则，扎扎实实地在小镇教书。小镇地处偏远山区，娱乐设施不多，张力便利用大量的业余时间，重拾自己写作的爱好。

有所收获时，要懂得知足和淡定；遭遇不公时，要学会释然和无所畏惧。淡定的人生，才是幸福的人生。

两年中，张力踏踏实实地工作，成了远近闻名的教学能手，业余时间的写作也开始小有成绩，十几篇国家级科研论文都登报见刊。如今，好几家知名单位都向他抛出了“橄榄枝”，地位和报酬更让他以往的同学羡慕不已。

是金子总会发光的。在面对生活挫折和事业不顺时，张力没有一味抱怨，也没有贬低自己，失去信心。他努力适应环境，踏实进取，终于在艰苦的环境下做出了不凡的成绩。

人生中的失败和挫折并不可怕，重要的是化解痛苦，寻找来自内心支持的力量。同时不要怨天尤人，不要过分纠结那些不顺心的事，保持积极乐观的心态，生活就会重新快乐和明媚起来。

人生在世，不能轻易就被身边发生的事改变心态，无论何时都保持一颗平常心。无论面临成绩与收获，还是失意与痛苦，都要淡定，只要站在一定的高度上看问题，一切都是那么不起眼。在有所收获时，要懂得知足和淡定；在遭遇不公时，要学会释然和无所畏惧。处变而不惊，才是人生最正确的态度。

人生处世感悟

人一生要做的两件事就是防患于未然和豁达大度。前者是为了使他避免遭受痛苦和损失，后者是为了避免纷争和冲突。

——叔本华

处世攻略

021 苦难是锻炼英雄的炉锤

孟子说："故天将降大任于斯人也，必先苦其心志，劳其筋骨，饿其体肤，空乏其身……"苦难，对于天才来说是一块垫脚石，而对于有能干的人来说则是一笔财富。成功并不能用一个人达到什么地位来衡量，而是依据他在迈向成功的过程中，到底克服了多少困难和阻碍。遇到困难，就要想办法勇敢地跨过去。

汉武帝时期，时任太史令的司马迁，因替投降匈奴的李陵辩解而得罪了汉武帝，被关入监狱，受了腐刑。蒙受了如此奇耻大辱，司马迁几乎想自杀。

他想起文王被拘禁而推演出《周易》；孔子经困厄而著《春秋》；屈原遭流放才写出《离骚》；左丘明双目失明，才创作出《国语》；孙膑双腿被弄成残废，《兵法》得以编写出来；吕不韦迁居蜀地，才写出《吕览》；韩非被囚禁在秦国，写出了《说难》、《孤愤》；《诗》三百篇，也大都是古人在心情忧愤的情况下写的。这些佳篇名作，都是作者心里郁闷或者理想行不通的时候才写出来的。

于是，司马迁忍辱负重，以他理想中的先贤为榜样，转而发愤著书，终于写成了《史记》这部伟大的历史巨著。

如果司马迁在遭受了腐刑以后，就丧失一切斗志，不坚持写《史记》，那么我们现在就再也看不到这本巨著了。他的成功，离不开他所受过的痛苦和挫折。

面对苦难，面对逆境，你不认输，就无人能让你失败；你不退缩，就无人能打败你。

在蹚过苦难的大河后，伊文斯公司的董事长爱德华·伊文斯就是这样走向事业成功的：

爱德华·伊文斯出生在一个十分贫苦的家庭，开始靠卖报赚钱，后来在一家杂货店打工。因为家里的七口人都要靠他吃饭，因此当他谋到一个薪水少得可怜的助理图书管理员职务时，他八年不敢辞职。后来他终于鼓起了勇气开始自己创业，并渐渐有了起色。可惜好景不长，厄运接踵而至。

祸不单行，爱德华·伊文斯病倒了，严重到几乎无法走路。医生告诉他：只有两个星期的时间了。然而几个星期之后，他自行恢复得竟然能拄着拐杖走路。又过了几个星期便投入到了正常的工作中。之后事业便发展顺畅、突飞猛进，几年后荣升为纽约股票市场的顶尖公司——伊文斯公司的董事长。

人生重要的不是拥有什么，而是经历了什么，任何苦难坎坷的经历都是一种宝贵的人生财富。如果你希望能有成功快乐的人生，你就得知道如何去面对苦难。人生经历苦难，方显成功的快乐。也正是这些苦难让我们哭，让我们笑，让我们的生活精彩纷呈。我们的生活因苦难变得丰富而多彩，我们的性格因苦难而锤炼得成熟。

苦难，是锻炼英雄的炉锤。

人生处世感悟

苦难对于天才是一块垫脚石，对能干的人是一笔财富，对弱者是一个万丈深渊。

——巴尔扎克

处世攻略

022 零度的人生也可以沸腾

“人生不如意者十有八九”，在漫长的人生旅途中，你一定会碰到一些令人不愉快的事情，在生活、家庭、工作中总会遇到困难和挫折。因此，要乐于接受所发生的事实，坦然面对失败和痛苦，从容地面对生活，从容地面对人生，才是克服任何困难和不幸的第一步。

虞舜很小的时候母亲就死了，父亲瞽叟又瞎了双眼，他小小年纪便挑起了生活的重担。后来，他父亲又娶了个妻子，生了个儿子叫象。舜的父亲阴险狡诈，他的后母脾气暴躁，弟弟桀骜不驯，几个人串通一气，欲置舜于死地而后快。

有一次，瞽叟让舜修补仓房的屋顶，自己却在下面纵火焚烧仓房。舜靠两只斗笠作翼，从房上跳下，幸免于难。

后来瞽叟又让舜掘井，井挖得很深了，瞽叟和象却在上面填土，要把井堵上，将舜活埋在里面。幸亏舜有防备之心，在旁边挖了一个暗道，可以从旁边的井口出去，才脱离了险境。

虽然三人多次想加害舜，但舜仍一如既往，孝顺父母，友于兄弟，而且比以前更加诚恳谨慎。

尧听说了舜的事迹，又经过考察，认为舜的确是个品德好又挺能干的人，遂把首领的位子让给了舜。

舜能够冷静地应对世间的千变万化，坦然地面对周遭发生的一切事情，仍然保持着自己的真诚与善良，也正是因为这样，他才获得了人们的爱戴和拥护。

在这个世界上，每个人都有可能随时面临无法预知的不如意，关键是如何看待和对待这些不如意。当你以平常而冷静的心态去直面人生的挑战，一定会出现人生的彩虹。台湾的黄美廉就是这样一个没有抱怨命运的不济，并书写出精彩人生的传奇人物。

黄美廉，是一位先天性的脑性麻痹患者。从小肢体就失去平衡，手足会时常乱动，且有严重的语言障碍。由于她模样怪异，因此从小就被笼罩在众多异样的眼光之中。

但长大后的黄美廉，却是身残志不残，喜爱美术和心理学的她，经过多年的努力学习，终于取得了美国南加州大学的艺术与心理学双博士学位。

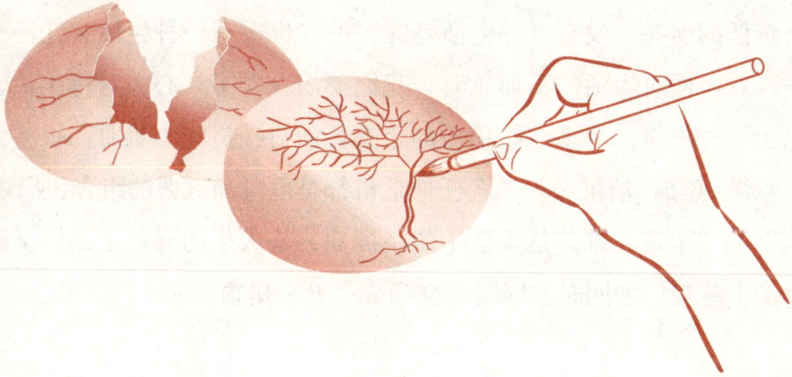

人的伟大之处不在于如何躲避危机，而在于如何变危机为转机。从另一个角度看待问题，从容地面对人生挑战，或许还可以找到更好的出路。

在一次演讲中，一位学生问道：“黄博士，你从小就长成这个样子，请问你怎么看你自己？你没有怨恨过吗？”大家的心一紧，心想大庭广众之下问这个问题太伤人了。然而黄美廉并不在意，她用粉笔在黑板上写下了几行字：

我好可爱！

我的腿很长很美！

爸爸妈妈这么爱我！

上帝这么爱我！

我会画画！我会写稿！

我有只可爱的猫！

还有……

最后，她写道：我只看我拥有的，不看我所没有的！

在任何时候，抱怨都是于事无补的。抱怨是意志消沉的开始，是不负责任的前兆。没有一种生活是完美的，也没有一种生活会让一个人完全满意。面对生活的不如意时，我们要用一颗平常心去对待生活，让自己少一些抱怨，而多一些积极的心态。面对挫折和困难时，很多人陷入了恐慌、焦虑、消沉……其实任何危机都是危险和机遇的组合，所谓的“烦恼”和“困难”都只是生活中的小插曲，是人生的必经之路。上帝在对你关上一扇门的同时，同时也会为你打开一扇窗。

人生处世感悟

一个强壮的心灵，敢于面对哀愁，因为他知道所有的哀愁都将淡远；所有的哀愁，有一天，都能被咀嚼，被纪念、被转化，成为大爱。

——刘墉

处世攻略

023 危机就是转机

没有人愿意遭遇危机，但是，危机常常是不邀而至的。在危机面前，人们常常有两种态度：一种是积极应对、苦干巧干，这种人是智者也是英雄；另一种是消极对待、被动应付，从此走向失败。

清朝康熙八年，安徽赴京赶考的举人王致和名落孙山，无奈之下，选择在京暂谋生计。于是他便在安徽会馆附近租下了几间房，购置了一些简单的用具，每天做点豆腐沿街叫卖。时值夏季，每天卖剩的豆腐很容易发霉，于是他将豆腐切成小块，一层层地码好，用盐腌起来放在坛子里。到秋天天气凉爽时，王致和才想起那坛腌制的豆腐。他急忙打开坛盖，一股臭气扑鼻而来。取出一看，豆腐已呈青灰色，但一尝，却滋味鲜美。他送给邻居品尝，众人皆称赞不已。于是，一传十，十传百，“王致和”臭豆腐在民间逐渐流传开来。

后来他弃学经商，开了“王致和南酱园”，专门做臭豆腐，生意越做越大，而影响也越来越广。至清朝末年，许多太监也竞相食用，甚至将臭豆腐列为“御膳”小菜之一。

王致和考场失意，屡试不中，臭豆腐的生意却日渐兴隆，成就了一个历史悠久的品牌。可见，世上没有绝对的困境，只要有灵活的头脑和把握机会的能力，危机和困难可能就是你一生的转折点。

美国前总统尼克松说过：“对每个人来说，生命就是一系列的危机，问题是你怎样去对待这些危机，如何使这些危机变为转机。” 事情都是两方面的，如同一枚硬币具有正反两面一样。人的伟大之处其实不在于如何躲避危机，而在于如何变危机为转机。

王刚本是某食品厂的一名普通员工，厂里的效益不错，他的日子也过得快乐安稳。可惜好景不长，食品厂开始经营不济、陷入困境，已是中年的王刚被迫下岗。后来，在朋友的点拨下，王刚选择了销售化妆品，每天在厂家、商场、顾客之间奔波着。

在一次进货时，他发现街边的某种小吃摊生意很红火。他看出了其中的商机，于是引进了小吃机项目。刚开始并不被认可，不少人包括下岗工人来看过，但都抱着怀疑的态度走了。于是，他开始实行“先投资，后付费”的经营模式，先免费进行技术培训和使用，让他们赚到钱后再支付小吃机的购买费用。这样，尝到了小吃机的甜头，越来越多的人加盟了他的项目，他的生意也渐渐地红火起来。他用赚到的资金成立了一个食品厂，专门生产供小吃机使用的食品，生意越做越旺。

王刚当初被迫下岗，走投无路，看起来似乎算是一种危机，但是只要勇于尝试、抓住时机，就有可能转危为安，获得成功。

培根说过：当危险逼近时，善于抓住时机迎头痛击它要比犹豫躲闪它更有利。所以说，当人生出现危机时，不要犹豫，不要闪躲，保持旺盛的斗志，迎头挑战，便会激发出自己的潜能，将危机顺利化为转机。

人生处世感悟

危机是转机与恶化的分水岭，危机是暂时的，别把它变成永久的。向左走，是转机；向右走，是恶化。

——陈鲁豫

处世攻略

024 自嘲是一种智慧

在社交中，自嘲往往有着其他表达方式所不具备的功效，它不仅能轻而易举地化解难堪和尴尬，也会通过自降身段达到“征服”他人的目的。适当时候幽自己一默，不但不会受到旁人的轻视，还会因为这种潇洒和坦诚获得他人的尊重。

清代有一位叫詹义的书生，为求功名，坚持苦读，年年应考，功夫不负有心人，在 73 岁终于考得秀才。不久后来了一位媒人给他提亲，尴尬的他写诗一首自嘲道：“读尽诗书五六担，老来方得一青衫。逢人问我年多少，五十年前二十三。”诗中巧用数字加减，既表明了自己的心意，化解了尴尬，又避免了生硬的拒绝，使媒人会心一笑，转身离去。

这首小诗写得很俏皮、很幽默，既浸透着辛酸，也流露出坦荡和愉悦，饱含着一生的辛苦和活到老、学到老、不服老的精神，令人慨然，比直言 73 岁妙得多。

自嘲，是一种幽默的说话方式，也是一种心理调节手段，还是一种人生智慧的表现。每个人都难免会遇到尴尬、难堪、挫折和困难之事，学会自我调侃，可以通过自我贬抑达到出奇制胜的效果。因此“自嘲”并非是给自己抹黑，而是服用一剂平息风波、平衡自我的良药。

美国前总统里根便是一位自嘲高手。因为年事已高，里根颇为懒散，他不但是放假放得最多的总统，而且有关他贪睡以至开会时打盹的新闻，也一直为人们所议论。有一次午夜爆发了一场外交危机，他的手下没有去吵醒熟睡中的里根，结果引发了一场不大不小的丑闻。事后里根如此自我解嘲："我已经向同事们交代清楚，从今以后，如果有大事发生，无论是一天当中的哪一个时刻，都要把我从睡梦中唤醒——哪怕是正在开内阁会议的时候。

里根的自嘲术堪称高明，在尴尬中，他含蓄地进行一番自我调侃，通过调侃自己求得对方的谅解，这是一种颇为灵活的纠错方法。

在你错话出口之后，机智地将话题引向自己，通过自嘲来消除对方的敌意，转移对方关注的焦点。这样做能够不露痕迹地照顾到对方的自尊心，同时巧妙地使紧张的气氛得以缓和，轻松化解尴尬的局面。

在你陷入窘境时，运用自嘲可以使你摆脱尴尬。在交际中，当对方有意无意地触犯了你，把你置于尴尬的境地时，借助自嘲摆脱窘迫，是一种恰当的选择。当令人难堪的事实已经发生，运用自嘲，能使你的自尊心通过自我排解的方式受到保护，不至于失去平衡，并且，还能体现出自己的大度胸怀。

自嘲是自信的一种表现，包含着自嘲者强烈的自尊、自爱和责任感。在社交中，运用"自嘲"需要审时度势，不宜到处滥用。如果不看场合时机，随意自嘲，就会弄巧成拙。而且，运用自嘲当适可而止，点到为止即可，不能一味放纵，喋喋不休，否则就会适得其反。

人生处世感悟

嘲笑的力量就是把嘲笑的对象杀死，人们的笑声有时是能够竭尽力量来杀人的。

——雨果

第四章——

隐忍

明哲保身，惹不起躲得起

隐忍看似弱不禁风，其实充满着强劲的力道。隐忍是一种深远的、有谋略的忍，它并不表明就此退让，而是在隐忍中一直积蓄力量，等候解脱的机会或报仇的机会。

在中国历史上，那些将“隐忍”发挥得淋漓尽致的人，都是最后取得成功的人。因此，隐忍不是一种懦弱，而是一种智慧的表现。

处世攻略

025 明哲保身，惹不起躲得起

每个人都有自己的情绪，而能否控制自己的情绪关系到你能否在社会上游刃有余地生存。如果能够把情绪收放自如，那么情绪已不仅是一种感情上的表达，而且是一种攻防武器。如果掌控不住情绪，不管三七二十一发泄一通，结果会搞得场面十分难堪。

王莽夺取汉朝政权后，各地武装起义不断，刘秀与胞兄刘演也招兵买马，联络豪强，举义旗反对王莽。后来兄弟俩率众投靠了赤眉起义军所立的皇帝刘玄麾下。刘演、刘秀兄弟在两次战役中立下大功，刘玄看到刘演等将领“炫功”要权，十分不满，后来又听说刘演欲自称皇帝，于是他先下手为强，连夜将刘演和随从等斩杀了。

噩耗传来，刘秀十分悲痛，他有举兵报仇的冲动，但很快冷静下来，因为他知道自己的兵力还不足以抗衡刘玄，于是采取“隐忍”的策略。他从前线赶回宛城，向刘玄谢罪，表示忠心，又故意断绝与兄长旧部的往来，也不为其举行葬礼。刘秀言谈举止不改常态，因此骗过了刘玄的耳目。获得信任的刘秀后来在河北建立根据地，最终挥师南下占领洛阳，夺取了帝位，建立东汉政权。

在胞兄被杀、仇敌仍磨刀霍霍时仍能含悲隐忍，胸无大志者是不易做到的。刘秀当时的“隐忍”不是屈服和退缩，是一种蓄势待发的策略和手段，是成大事者应具备的一种胆识。

现在的社会竞争太激烈，稍微不努力，等过了30岁就很难再有机会了。年轻人刚刚步入社会，必须顶住压力，加强自身修炼，才能厚积薄发，最终脱颖而出，抱怨和懈怠只能使自己惨遭淘汰。

刚刚大学毕业的志鹏进入某电脑公司做业务员。作为刚踏入职场的新人，他工作格外的卖力，每天一上班就开始忙个不停。为了不陷入职业的危机之中，志鹏在努力学习专业知识之外，还要处理大量业务来提高业绩，所以每天晚上加班到八九点钟是很平常的事。

尽管业绩提升缓慢，身体也很疲惫，但志鹏总是极力控制自己的情绪，看起来总是一副从容不迫的样子，而不像其他同事一样牢骚满腹。一年之后，他慢慢干出了业绩，并逐级被提拔成经理。

与他人相处，千万不可固守己见，一定要刚柔相济、有进有退。退一步，便可海阔天空，利人利己，左右逢源。

控制好情绪需要理性的克制，需要雅量。雅量，将使你面对攻击者保有最完美的自尊和最充分的人格主动权。克制，有助于你在攀登理想境界的征途中，消除情感世界不可避免的潜在危机。因而，对于一个成功的开拓者来说，它既是实现既定目标的保证，又是取得更大成功的起点。自古以来，评价人的标准始终未变，只要看一个人的涵养和行事的风格，就可知其是否为可塑之才，是否有大将之风。要想成为人上人，除了必有的常识与能力之外，全视其能否将情绪操控得当。

人生处世感悟

假如生活欺骗了你，不要忧郁，也不要愤慨！不顺心的时候暂且容忍：相信吧，快乐的日子就会到来。

——普希金

处世攻略

026 放下架子才能求得人才

有人说：21世纪最缺的就是人才。这话一点不假。古今以来的社会竞争，无不是各类人才的竞争。没有哪个成功者能凭一己之力成就一番伟大事业，只有依靠众多人才的力量，方能走向成功。

汉末天下大乱，曹操占据中原的大部分地区，孙权拥兵东吴，而势单力孤的刘备听徐庶和司马徽说诸葛亮很有学识，又有才能，就和关羽、张飞带着礼物到隆中卧龙岗去请诸葛亮出山辅佐他。接着便演绎出了中国历史上最有名的求贤典故“三顾茅庐”。

刘备以汉室后裔的身份，几次三番、屈尊去请诸葛亮，其谦虚、诚恳的态度彻底打动了对方，在诸葛亮的辅佐帮助下，刘备成为一方霸主，与曹操、孙权三分天下。

贩履织席出身的刘备论智不如孔明、庞统，论勇不如关、张、赵，但他却是能屈能伸的政治全才，隐忍处下，故能统大智之士、大勇之人。像他这样虚怀求贤、屈身访贤的行为见识在中国古代封建帝王中是极其难得的，因为才智之士几乎到处都有，可是能够屈身求贤的君主却是屈指可数。“三顾茅庐”所指的不只是对人才的追求，更是一种为了求得人才所应具有的那份谦卑恭谨的态度和屈身求贤的胸怀。

某汽车轮胎公司经理肯特，有一次在一家酒馆饮酒时，无意中碰了一位喝得酩酊大醉的青年人，年轻人借酒撒疯，对肯特大打出手。

事后，肯特从店主那里了解到，这位青年发明了一种能增加轮胎强度的方法，而且申请了专利。但他找了好几家生产汽车轮胎的厂商，请求他们购买他的专利，都碰了壁。因此他感到怀才不遇，整日闷闷不乐，来这里借酒消愁。

肯特得知这些情况后，决定聘请这个年轻人来自己公司做事。一天早晨，肯特在工厂的门口等到了这位青年人，但青年人已心灰意冷，不愿向任何人谈起他的发明，他不理肯特，径自进了工厂。但是，肯特却一直等在工厂的大门口，直到中午，仍不见踪影。有人告诉肯特，那青年人还在工厂干活，要很晚才下班。就这样，肯特从早上 8 点一直等到下午 6 点，那位青年人才走出厂门。当他得知肯特一天不吃不喝，在寒风中等了近十个小时之久，深深地感动了，并立即爽快地答应与肯特合作。

肯特正是求得了这位青年人后，才推出了新的汽车轮胎产品，并使“固特异”这一品牌成为全球汽车轮胎的卓越代表。

成功的企业家往往都是很谦虚的，他们懂得借助别人的聪明才智来发展、壮大自己的事业。

韩愈说：“世有伯乐，然后有千里马；千里马常有，而伯乐不常有。”对于一个领导者来说，需要有识别人才、把握人才的胸襟和能力，还要能够屈尊相求，礼贤下士，这样才能将有志之士“尽收囊中”，而高高在上的领导者只能使自己与成功渐行渐远。

人生处世感悟

盘活企业，首先盘活人。如果每个人的潜能发挥出来，每个人都是一个太平洋，都是一座喜马拉雅山，要多大有多大，要多深有多深，要多高有多高。

——张瑞敏

处世攻略

027 先洞中修炼，再决一死战

我们经常听到这样一句话：前途是光明的，道路是曲折的。黄河东流奔腾入海，但也有“九曲”。无论什么事物，都不可能是有进无退。所以，能进能退是人生的常态。有时为了一跃需要先蹲下积攒力量，有时为了有力地出拳需要先把拳头收回来以备冲击。

唐高祖李渊任太原留守时，突厥部落时常来侵犯。突厥兵能征善战，李渊与之交战总是败多胜少，于是视突厥为不共戴天之敌。

一次突厥兵又来侵袭，部将们都以为李渊这次会与其决一死战，可李渊却另有打算，他早就想起兵反隋，可太原虽是军事重镇，却不足以号令天下。如果离开太原西进，则不免将一个孤城留给突厥，自己又失去了一块根据地。一番思考过后，李渊派刘文静为使臣，向突厥称臣，书中以和亲、奉送金帛为条件，恳请突厥派兵增援，攻打洛阳。

唯利是图的突厥首领接受了李渊的妥协，为李渊送去了不少马匹及士兵，李渊的战斗力得到了增强。李渊只留下了三儿子李元吉镇守太原。由于没有了突厥的侵袭，李渊得以不断从太原得到补养，终于战胜了隋朝军队和各路豪杰，建立了大唐王朝。而唐朝兴盛之后，与之相比，突厥显得势单力薄，于是不得不向唐朝称臣。

李渊以退为进，为自己的雄心大志赢得了有利的条件。如果不能忍那一时，李渊外不能抵挡突厥的侵犯，内不能倾全力争夺天下，情况是相当危险的。

在现实生活中，为人处世千万不可固守刚性，一定要刚柔相济，有进有退。不可认为向后退一步，就是理屈，就是认输。其实退一步便海阔天空，左右逢源，退一步便造就了进一步，甚或进数步。在以退为进的过程中，自我的意图得到了最不露痕迹的掩饰，在别人的猜测和询问中，你就掌握了许多的主动权。

莎莎是一家服装公司的公关，莎莎的公司几次想与另一家服装公司合作都未如愿。经过莎莎的不懈努力，该公司终于答应与她的公司合作，但有一个要求：要在其服装广告词中加上该公司的名字。莎莎公司的老总却不同意，认为这是花钱替别人打广告，于是合作又陷入僵局，合作公司限莎莎两天内回话。

莎莎通过理性地分析后认为把产品和一个著名的品牌绑在一起是有利的。在她苦口婆心的劝说下，老总终于同意了合作的条件。事情正像莎莎预料的一样，合作之后公司的业务蒸蒸日上，销售额直线上升，莎莎也因此被提升为总经理。

表面看上去是为合作公司打了免费广告，好像吃亏了，其实事情都具有两面性，合作公司也为莎莎公司的发展提供了许多有利条件，两个品牌的叠加往往会产生 1+1 ＞ 2 的效果，最终实现双方共赢。

当然，要想成功地采用“以退为进”的策略，必须有一定的预计，要把握好分寸，不打无准备之仗。心中没有十分的把握而轻易使用此计，难免会弄巧成拙。要充分掌握对方的心理，保证对方会采取令你满意的行动，你的“以退为进”才能达到预期的目的。

人生处世感悟

合商共赢，要想赢，先得“让”，别人的机遇中往往蕴含着自己的突破良机。

——柳传志

处世攻略 028

成功只属于懂得隐忍的人

俗话说，能屈能伸大丈夫。人不仅要能在顺境中施展抱负，而且要能在逆境中忍受屈辱，能经受各种恶劣环境的考验。纵观古今历史，但凡有成就的人莫不如此，他们身处逆境，却能在屈辱和落魄中发愤图强，终成大器。

公元前 494 年，吴王夫差率复仇大军杀向越国。越国军队几乎全军覆没，越王勾践逃到会稽山，越国向吴国屈辱求和。按照吴国的要求，越王勾践带着夫人和大臣范蠡去吴国服苦役。越王给夫差的父亲阖闾看坟，给夫差喂马，还给夫差脱鞋，服侍夫差上厕所，勾践受尽嘲笑和羞辱。不过为了复国大计，勾践顽强地忍耐着吴国对他的精神折磨和肉体折磨，对吴王夫差恭敬驯服。

三年苦役期满，吴王放勾践回国。勾践回国后，时刻不忘在吴国受辱的情景。他睡觉时，躺在乱柴草之上，夜夜不得安眠，满脑子想着励精图治、早日报仇。勾践在自己的屋里挂了一只苦胆，每顿饭都要尝一口苦汁，提醒自己时时不忘在吴国的苦难和耻辱。经过一段时间的努力，勾践采用大臣文种建议，用美人计麻痹吴王夫差，最终一举起兵灭掉了吴国。

忍辱负重的忍，是一种等待，是为了图大业而等待时机成熟。勾践卧薪尝胆，借着在吴国受辱的经历来锻炼自己的心性品格，励精图治，最终一雪前耻，灭掉吴国。

一位先哲说过，无论怎样学习，都不如在受到屈辱时学得迅速、深刻、持久。屈辱使人学会思考，体验到顺境中无法体会到的东西，能使人更深入地去接触实际，去了解社会。善于从屈辱中学习，是成就事业的一条重要途径。

李嘉诚13岁丧父，从此他不得不告别心爱的学业，过早地挑起家庭的重担。他的第一份工作，是在一家小茶楼当跑堂。每天起早摸黑，倒茶、扫地、擦桌，忙得不可开交，还经常受到顾客的歧视和老板的叱喝。尽管如此，他仍坚持于每天工作间隙，细心观察学习老板做生意的诀窍。

这段艰辛的打工经历，让他变得勤快能干，也使他具备了察言观色的高超本领，为以后开创事业打下了坚实的基础，并最终成为赫赫有名的香港风云人物、全球华人首富。

李嘉诚早年受尽屈辱和冷漠，但他没有在屈辱中沉沦，反而凭借着强大的动力、坚定的信心、顽强的毅力走向了成功。屈辱，成为鞭策他发愤成功的动力，像一根鞭子，鞭策他鼓足勇气，奋然前行。

屈辱，虽然暂时会给人带来许多心理上的阻碍，却能迫使人去开动脑筋想办法，锻炼人的品格与意志。当我们面对屈辱时，决不可畏缩不前，垂头丧气；不可徘徊观望，犹豫动摇；不可捶胸顿足，怨天尤人；不可自甘沉沦，堕落颓废。不论何时，都要高悬理想的明灯，树立起坚强的精神支柱，抡起行动的巨斧。惟其如此，才能步入成功之旅。

人生处世感悟

不要瞧不起任何人，因为谁也不是懦弱到连自己受了侮辱也不能报复的。

——伊索

处世攻略

029 能忍则忍，“忍”者无敌

所谓忍小谋大，就是要求人要站得高，看得远，不被眼前的小是小非、烦恼困惑而缠住手脚，不计较一时一事的得失。

楚汉相争时期，刘邦被项羽的军队包围在荥阳，项羽的军队攻城十分猛烈，荥阳随时都有被攻破的危险。这时，刘邦手下的大将韩信已经把齐国平定，刘邦于是给韩信写了一封信，要他火速派兵来援救。

几天后，韩信的使者带来书信。刘邦拆开一看，上面写着齐国人反复无常，一会心向汉，一会心向楚，比较难办，所以请求封他为假齐王，好把这个地方镇住。刘邦看后不禁大怒，当着使者的面大骂起来。刚骂出口，张良和陈平不约而同地在暗中用脚尖踢了踢他的脚，并附在他的耳朵边低声说：“现在汉军处境不利，怎能禁止韩信称王呢？不如趁机封他为齐王，做个顺水人情，以免发生变乱。”刘邦恍然大悟，急中生智接着骂道：“大丈夫平定诸侯，当王就该当真的，干什么要做假王呢！真是太没出息了！”接着就派张良为使者，去封韩信为齐王。

韩信打下齐国后，谋士蒯通曾经怂恿他叛汉自立，韩信正在犹豫不定。他的使者回来后，报告了见到刘邦的情况，紧接着张良宣布了封王的命令，使他放弃了自立为王的念头，很快派出了大军，解除了荥阳之围。后来，韩信帮助刘邦打败项羽，完成了霸业。

楚汉之争，刘邦所以能胜，项羽所以失败，关键在于刘邦能忍。面对韩信趁火打劫的要求，刘邦强忍怒火，封韩信为齐王，从而得到了韩信的援助，并且打消了韩信叛变的意图，可谓一举两得。

当然，不是说所有成就大业的人个个都曾隐忍，但需要隐忍时一定要隐忍，因为事业上几乎没有一帆风顺的捷径。老子说“千里之行，始于足下”，荀子说“不积小流，无以成江海”，都揭示了成功是靠一点一滴积累起来的。它告诉人们，干事要脚踏实地，一步一个脚印，切忌华而不实，贪大求全，这既是方法论，又是实践论。

刚刚大学毕业的李凯，想要进入一家大型的机械公司，但是该公司对人才的要求很高，没有经验的大学生很难被录用。

两位厨师为了一块抹布而大打出手。

所谓忍小谋大，就是要站得高，看得远。懂得隐忍，不囿于蝇头小利，不为小事所困扰。

李凯找到公司人事部，提出愿意为该公司无偿工作。公司起初觉得这简直不可思议，但考虑到不用任何花费，于是便分派他去打扫车间的卫生。在一年的时间里，李凯勤勤恳恳地重复着这种简单而劳累的工作。为了糊口，下班后他还要去兼职打工。他的工作虽然得到老板及工人们的好感，但仍然没有人提到录用他的问题。

有一段时间，公司的许多订单纷纷被退回，理由均是产品质量问题，为此公司将蒙受巨大的损失。公司为了挽救危机，紧急召开会议。当会议进行大半天还未见眉目时，李凯进入了会议室。在会上，李凯把这一问题出现的原因作了令人信服的解释，并且就工程技术上的问题提出了自己的看法，随后拿出了自己对产品的改造设计图。这个设计恰到好处地保留了原来机械的优点，同时克服了已出现的弊病。公司领导见这个清洁工如此精明在行，便询问他的背景以及现状。李凯将自己的意图和盘托出，领导们一致决定，聘请他为公司负责生产技术问题的副经理。

原来李凯在做清扫工时，利用清扫工到处走动的特点，细心察看了整个公司各部门的生产情况，发现了存在的技术性问题，并暗暗寻找解决方案。为此，他花了半年的时间搞设计，做了大量的数据统计。

在你默默无闻不被人重视的时候，不妨试着暂时降低一下自己的物质目标或事业野心，做好一个普通人的本职工作，这样你的视野将更开阔，或许会发现许多意想不到的机会。

人生处世感悟

人，第一要有志，第二要有识，第三要有恒，有志者断不甘为下流。

——李嘉诚

处世攻略

030 莲花生于臭泥，光明生于黑暗

常有些人受到一点委屈后，第一反应就恨不得拔刀子、抡拳头。事实上，这不算勇敢，这叫鲁莽。真正的勇敢是“卒然临之而不惊，无故加之而不怒”，就是说突然面临什么事情，神色不变，并不惊慌失措，这才是君子之勇、英雄之勇。

韩信是中国古代一位著名的军事统帅，他出身贫贱，从小就失去了双亲。年轻时，他既不会经商，又不愿种地，家里也没有什么财产，过着穷困而备受歧视的生活。

韩信身材高大却常佩带宝剑。有一天，在他的家乡淮阴城，一群不良少年看到韩信佩剑的装扮以为是他胆小怕事，便在闹市里拦住韩信，说:“你要是有胆量，就拔剑刺我;如果是懦夫，就从我的裤裆下钻过去。”围观的人都知道这是故意找茬羞辱韩信，不知道韩信会怎么办。韩信自知形只影单，硬拼肯定吃亏，于是一言不发，默默地从那人的裤裆下钻过去了。当时在场的人都哄然大笑，认为韩信是胆小怕死、没有勇气的人。这就是后来流传下来的“胯下之辱”的故事。

在当时遭到少年挑衅时，韩信面临两个选择：要么杀了对方，要么爬过去。杀了对方，有可能自己也要被杀头，自己远大的理想又谈何实现。为了继续生存和实现理想，韩信选择了暂时忍受屈辱。“胯下之辱”的故事告诉我们，暂时的受挫甚至凌辱，都不要去拿鸡蛋硬碰石头，陷入无休止的纠葛中，耗费心力，从而得不偿失。

维亚是墨西哥反叛军的领袖，他参加了墨西哥革命，带领队伍劫富济贫，很快被人们认为是民族英雄。然而几年后，维亚最终战败了，他带着队伍回到了老家，干起了强盗行当。并将自己失败的原因归于美国人。

1916 年 3 月，维亚杀害了 17 位美国士兵和公民。美国总统威尔逊于是派兵进入墨西哥捉拿维亚。美军装备了当时最先进的武器，并且运用了无线电技术。追捕部队在墨西哥北部进行了仔细搜索。但是维亚在墨西哥人民的支持下，在各个地方隐藏。美军的追捕行动一直持续到冬天，维亚依然在和美军玩“猫捉老鼠”的游戏，美军被拖垮了。1917 年 1 月，威尔逊下令撤销这次行动，就在他们撤退的过程中还遭到了反叛军的追击。讨伐行动让美军打了自己一个耳光。

威尔逊想通过远征军向全世界展示美国的力量，结果却和他的预想大相径庭。小小的冲突演变成了大规模的战争。美国的兴师动众根本没有达到原来设想的目的，最终沮丧的美军撤离了墨西哥。

对于日常生活中的一些小问题，没必要“杀鸡用牛刀”，置之不顾或许是最好的选择。如果你因为一点小事就兴师动众，闹得人人皆知，就会陷入无休止的纠葛中，耗费心力，得不偿失。

真正有智慧的人能纵观全局，以宏观的眼光考虑大事，也能通晓利害的关键所在，胸怀宽广，懂得隐忍，不囿于蝇头小利，不为小事所困扰，这是一种智慧，也是一种豁达。生命如此短暂，不要让小事或者小人物绊住我们前进的脚步，不要让琐碎的烦恼浪费我们宝贵的时光。

人生处世感悟

不是你的公司在哪里，有时候是你的心在哪里、你的眼光在哪里更为重要。

——马云

处世攻略

031 真正聪明的人都懂得推功揽过

示弱是一种生存方式，是一种境界。向强者示弱，可以麻痹强大的敌手，防止自己被扼杀在摇篮之中，以便蓄势待发，反败为胜，反弱为强。

公元219年夏天，关羽留下重兵防守江陵、公安，自己率军北伐，进攻曹魏重镇襄阳、樊城。这个时候，负责东吴西防大任的吕蒙劝孙权借机袭击关羽，孙权同意了。

然而关羽后防严密，就是为了防备吕蒙偷袭。那么如何攻克荆州呢？上上之策，莫过于调虎离山，让关羽把后防重兵抽离开来。

当时吕蒙身体状况不佳，于是他将计就计，离开驻地，回到建业养病，并且推荐陆逊接替他的职务。陆逊当时担任定威校尉，名不见经传，但他思虑深远，才能出众。

陆逊上任后，就派人拜见关羽，献上了书信和礼品，信中把自己贬得卑微之至，对关羽则大灌迷汤，拼命地拍马屁。

等到关羽攻击襄樊，趁着大雨水淹七军，擒于禁、斩庞德时，陆逊又来信称赞关羽的神威，表示今后还得靠关羽多多照顾。

陆逊的示弱显示了威力，关羽接信后戒心大减，把后方的军队逐渐撤离，去增援前线。这时，吴军沿江急上，乘虚而入，攻取了荆州。

面对关羽的十足戒备，陆逊如果采取强攻的策略并没有十足的把握，于是他采取示弱的策略，让骄横的关羽信以为真，他因此放松了对后方的警惕，落入了陆逊的圈套，结果大意失荆州，最后兵败被杀。

在人际交往中，我们也可以运用此法。当你听到对方说：“我前天做了一件丢脸的事情”时，想必你会浮现出微笑，并心情轻松地听他继续说下去。因为炫耀自己会引起他人的反感；而谈及自己的失败经验，不但会增强对方的自尊心，更能因此打开对方的心扉，让他坦然地接受你。

一位新来的语文教师张林，名牌大学毕业，对最新的教育理论有较深的研究，懂得学生心理，授课方式活泼，颇受学生的欢迎，学生的成绩进步显著，因此他得到了校长的肯定和表扬。这让一些工作多年却缺乏这方面研究的老教师非常妒忌，张林一时间在办公室的处境很尴尬。

人生道路上，春风得意的时候要学会节制，切不可趾高气扬，目空一切。

“花要半开，酒要半醉”，当你志得意满的时候，切不可趾高气扬，目空一切。收敛起你的锋芒，低调做人。

为了改变自己的处境，张林便故意在办公室的同事面前大曝自己的劣势：教学经验一点都没有、对学校和学生的情况很不熟悉等，最后他一再希望老教师们多多指教。就这样，张林自曝劣势后，终于有效地淡化了自己的优势，减轻弱化了老教师对他的妒忌，加上他平时谦虚待人，注意笼络人心，两年后，他就当上了语文组的组长。

张林在遭到妒忌后，如果不知收敛，以硬碰硬，必然会两败俱伤。而他进行了自我贬低，压低自己便是相对地抬高了对方，满足了对方的虚荣心，自然会赢得他们的好感，从而巧达目的。

美国心理学家做过这样的调查，一名彪形大汉在拥堵的马路上横穿而过，愿意给他让路的车辆不到50%，车祸率很高。而一个老弱病残者横穿马路，却是万人想让，大家还觉得自己是做了善事，车祸率几乎为零。弱与强，在某种时候，收到的效果截然相反：弱，反而得了强势；强，反而处于弱势。

所以，放下架子做弱者，在某种意义上说也是人生在世的一种姿态。如今很多人都爱表现出强者风范，但往往碰得头破血流；而会适当示弱的人，倒是更容易被接受。所以做人做事，如果适时地示弱，有时可能会成为赢家。

人生处世感悟

只要能培育一朵花，就不妨做做会朽的腐草。

——鲁迅

处世攻略

032 春风得意的时候其实最危险

在中国历史上，历代皇帝总是在江山坐稳后，视功臣为最大威胁，千方百计收回其权力。“杯酒释兵权”已算是非常“客气”了，“狡兔死，走狗烹；飞鸟尽，良弓藏”是皇权统治下残酷的事实。所以做臣子，最忌讳自表其功，自矜其能，不服从管理，凡是这种人，十个有九个要遭到猜忌而没有好下场。

明朝首屈一指的开国功臣徐达，为人宽厚，智勇兼备、屡建功勋。虽然战功累累，但为人低调、小心谨慎，一直过着极为俭朴的生活。

有一次，朱元璋与徐达一块饮酒，徐达醉后睡着了。待到醒来，他发现居然盖着皇上的被子，于是大惊失色，连忙跳下床，俯在地上自呼死罪。朱元璋见其如此谦恭，心里十分高兴，为他立一牌坊，并亲书“大功”二字。

大明开国之后，朱元璋对诸多功臣怀有强烈的戒心。那些从小与他一起长大的大臣们，大都居功自傲，甚至极为放肆。朱元璋担心太子朱标将来镇不住这些叔叔伯伯辈的人。因此，朱元璋自坐上皇位之后，就决定替儿子 “清理门户 ”，以保大明江山稳固。大明的功臣，几乎全被他杀光了，连李善长、刘伯温等人，后来也难逃厄运。

唯有徐达，却让他始终下不了决心。因为徐达的表现太好了，让他几乎没有什么借口，于是朱元璋对徐达网开一面。

徐达之所以能不居功自傲，除其个人良好的修养外，还有更深层次的原因。他十分清楚“伴君如伴虎”的道理，如果自己居功自傲，无异于引火烧身，如果倚仗自己曾有的贡献不知收敛，终会引祸上身。

有些现代职场中人却不懂得这个道理，做出一点成绩，就骄横自大，不肯屈就于人，不能忍让于人，这样是很危险的。如果你风头过劲，必然会遭到同事的妒忌和领导的猜疑，导致人际关系紧张。

王强在几年前创办了一家物流公司，经过几年的发展，企业规模逐步壮大。可是最近，他把业务部的老员工集体裁员了，其中一些员工还是他的亲戚。

原来，随着企业的发展壮大，公司里的老员工在公司里长期以“老同志”自居，所有的老员工都建立了某种联盟，一方面对新来的员工进行排挤，另一方面对领导，特别是“空降”的领导，在工作之中实行三不政策：不支持、不反对、不执行。

在这样的情况下，王强被激怒了。在面对“要人情还是要业绩”的选择中，他痛下决心，把所有涉及的老员工集体辞退。消息发布后，公司内一些有能力却长期被老员工“压迫”的新人，奔走相告，而被辞退的员工，则没有搞明白自己究竟犯了什么错，就离开了公司。

一个人，只有不居功自傲，不锋芒毕露，懂得适当隐忍和低调，才能既有效地保护自我，又能充分发挥自己的才华。所谓“花要半开，酒要半醉”，当你志得意满时，切不可趾高气昂，目空一切，这样的话很可能功败垂成。无论你有怎样出众的才智，做出了怎样的成绩，都不要把自己看得太了不起，还是应该收敛起你的锋芒，低调做人。

人生处世感悟

不想当将军的士兵不是好士兵，但是一个当不好士兵的将军一定不是好将军。

——马云

第五章——

方圆

方是做人之本，圆乃处世之道

“方”是规矩，是准则，是做人之本。“圆”是通融，是润滑，是处世之道。一个人如果过分方方正正，有棱有角，必将碰得头破血流；但是一个人如果八面玲珑，圆滑透顶，总是想让别人吃亏，自己占便宜，必将众叛亲离。

因此，做人必须方外有圆，圆中有方，外圆内方。只有圆时则圆，方时则方，方圆相济，彼此相处才会变得更加和睦。

处世攻略

033 顺藤摸瓜，巧拍马屁

人类需要逢迎赞美，逢迎赞美自有它无法取代的独特作用，它可以使人际关系顺畅起来。俗话说："千穿万穿，马屁不穿。"没有人会因为他们对自己的逢迎赞美而郁郁寡欢，就算知道对方在拍自己马屁，当事人也还是会欣然接受。然而逢迎赞美需要动脑筋，如果过于直白或者夸大，反而会适得其反。

战国时期魏国的建立者魏文侯，曾派大将乐羊攻打中山国，攻克之后，封给自己的儿子魏击。过后，魏文侯问群臣："我是什么样的君主？"大家都说："您是仁君！"只有任座说："国君您得了中山国，不用来封您的弟弟，却封给自己的儿子，这算什么仁君！"魏文侯勃然大怒，任座于是匆忙离开。魏文侯又问翟璜，翟璜回答说："您是仁君。"魏文侯道："说说你的理由。"翟璜回答说："我听说国君仁德，他的臣子就敢直言。刚才任座的话很耿直，于是我知道您是仁君。"魏文侯听了之后非常高兴。

古代君主都喜欢问大臣这个问题。这可是一个难以回答的问题，许多人就因此掉了脑袋。实话实说是绝对不行的，而翟璜把君主的贤明和臣子说话的直率联系在一起，既肯定了同僚的意见，又维护了君主的面子，这样的恭维，运用得实在太绝妙了。

每个人都希望得到别人的赞美，但是如果赞美者的话千篇一律，就不能引起被赞美者的注意。要想使自己的赞美取得极佳的效果，必须具备察言观色的本领。也就是说，赞美者的感觉要敏锐，要及时、准确地发现对方与众不同、不为人知的优点，并且简明扼要地表达出来。独具匠心的赞美，会让被赞美者心花怒放，效果会出奇的好。

王经理是公司里出了名的“歌星”，每次文娱活动都少不了他的歌声。在一次晚会上，他成功地演唱了一首歌，赢得了大家的一片喝彩声。这时一员工对他说：

“经理，刚才看你在台上的舞姿，感觉你的舞跳得也很棒！”

听惯了别人称赞自己会唱歌的王经理第一次听到别人称赞他的舞蹈，自然非常开心，就故作谦虚地说自己不太会跳舞，长项还是唱歌。这时，员工马上接道：“对呀，王经理的歌声真是没的说，有空教教我吧。”王经理在愉快的心情中欣然应允。

没有人会因为得到他人的逢迎赞美而郁郁寡欢。因此，发现对方的独特之处，恰到好处地赞美，能有效地增进感情，事半功倍。

这位员工没有赞美王经理被公认的唱歌水平，而是夸他的舞跳得也很棒，一下子引起了他的兴趣，让他心里十分舒服，于是很爽快地答应了员工的要求。

学会寻找和发现别人与众不同的成绩和长处加以赞美，会取得事半功倍的效果。巴尔扎克说过，第一个形容女人为花者是聪明人，第二个再这样形容的就一般了，第三个纯粹就是笨蛋。如果一个演员，我们去赞美她美若天仙，她是不会激动的，因为这种话她平时听的太多了。但如果她喜欢烹饪，我们去赞美她菜做得好，她反而会兴奋不已。爱因斯坦就说过，别人赞美他思维能力强，有创新精神，他一点都不激动，但如果有人赞美他的小提琴拉得不错，他一定会兴高采烈。

发现对方的独特之处，并且能够恰到好处又有针对性地赞美别人，别人就喜欢你，你就容易得人心。寻常的赞美，比如“你长得真漂亮”、“你真是个好人”，这种千篇一律的赞美不会给人留下深刻的印象。而像“你的眼睛真有气质，好像会说话”由于赞美到对方的独特之处，与众不同，让人耳目一新，就会深得对方的喜欢。

人生处世感悟

让认识你的人受益，还不能算好；让不认识你的人也受益，那才是真好。

——牛根生

处世攻略

034 宁得罪十个君子，不得罪一个小人

在日常生活中，谁都不愿意和小人打交道，可是不管你愿意或不愿意，又总不可避免地要与小人打交道。小人卑鄙，却不能得罪他，一旦得罪，可能在今后的工作中会连连栽跟头。

中国历史上“君子斗不过小人”的情况屡见不鲜。究其原因，主要是君子“谋事”而小人“谋人”，君子讲道德人格而小人不讲道德人格，君子遵循游戏规则而小人则不遵循游戏规则等。小人之所以“小”，是因其有小心胸、小聪明，善要阴招。猛虎之爪或可躲过，黄蜂之刺防不胜防。小人不讲道义、不遵章法、不惜一切、唯利是图，是我们人生路上万万不可得罪的。

唐德宗建中初年，时任御史中丞的卢杞到郭府探视晚年卧病的郭子仪。以往郭子仪会见宾客，妻子和小妾几乎都在旁边陪着。听说卢杞要来，郭子仪却把所有的妻妾和丫环都支开了。事后，有人问他为何这样做。郭子仪说:“卢杞相貌丑陋而且心地险恶，女人见了他一定会忍不住发笑。以后如果卢杞大权在握，就会为遭此羞辱找碴报复，我们老郭家说不定遭到灭族之祸呢。与其这样，还不如不得罪他。”

不出郭子仪所料，卢杞后来深得德宗赏识，从而迅速蹿红，当上宰相。举凡妒贤嫉能、扶植亲信、捏造罪名、阴招害人这类勾当，此人都干过。大书法家颜真卿就是因为得罪了这个奸相，而被卢杞借用叛将李希烈之手杀害的。

郭子仪确实有着过人的生存智慧。可以说，郭子仪的一生能够平平安安地度过，与他当年“敬小人”的处世哲学是有很大关系的。倘非郭子仪当年远虑深谋，精细小心，郭氏一族恐怕后来还真难逃卢杞毒手呢。

职场中总有些小人善于给同事穿小鞋，喜欢打小报告，喜欢揭人的短。与这样的人打交道时，务必多留几个心眼，最好不要与其发生正面冲突。得罪了小人，他会想方设法打击你，分散你的精力，用各种手段以图搞垮你。所以不得罪小人，能够避免许多不必要的纠纷和麻烦。

刚进公司的小张为了得到公司的认可，几乎成了工作狂，并常常想出很多新颖实惠的点子来，因此逐渐得到了经理的赏识。有一回，他因为一件小事跟经理秘书吵了一架。

接下来的日子，小张提交了不少策划方案，但迟迟没得到经理的回复。他想找经理面谈，却被秘书以各种理由拦下。小张仔细琢磨，知道是秘书捣的鬼，他认识到问题的严重性，开始主动与秘书交谈，采取措施缓和关系，两人的关系逐渐融洽。后来在秘书的帮助下，小张拉近了与经理的距离，逐渐得到经理的重用。

所以，面对小人，最好的办法就是满脸笑容，尊重他。适当地可以给小人一些好处，但绝不要占小人的便宜；不要主动和小人深交，也不要拒绝和他来往；不参与小人的私人活动，也不讨论小人的行为。

在日常工作中，要注意谨言慎行，不要恃才傲物，以免遭小人妒忌。平时多与领导同事沟通，也可以及时消除之间的误解，澄清事实真相，避免让小人的挑拨离间得逞。

人生处世感悟

人生得以一知己足矣，斯世当以同怀视之。

——鲁迅

处世攻略

035 善说圆场话，助人也利己

与人交往，几乎都免不了遇到尴尬的场合，中国人的“面子”观念很强，无论是现代人还是古代人，“面子”都是个大学问。如果不会很好地打圆场，就可能不小心丢了他人或自己的面子。一般来说，领导比普通员工更爱面子，尤其是下属在场的时候。如果在公众场合碰到尴尬，这时作为下属，就应当站出来，替领导打个圆场，来缓和这种尴尬，使事情出现转机。不仅能瞬间散播掉这种尴尬气氛，也有效地提升了自己在领导心中的印象。

慈禧太后特别喜欢听京戏，听完之后常常会赏赐戏子一点东西。一次，她听完著名演员杨小楼的戏后，把他召到跟前，指着满桌子的糕点说：“这些赐给你，带回去吧！”

善于察言观色的杨小楼看出慈禧的心情不错，便壮着胆子说：“叩谢老佛爷，这些尊贵之物，小民不敢领，不知老佛爷可否赐个‘福’字给奴才。”慈禧当时心情不错，便让太监捧来笔墨纸砚，大笔一挥，就写了一个“福”字。

站在一旁的侍从看了慈禧写的字，悄悄地说：“福字是‘示’字旁，不是‘衣’字旁的。”杨小楼一看，心想这写错的字若拿回去必遭人议论，这是欺君之罪。不拿回去也不好，慈禧太后一怒就可能丢掉小命。要也不是，不要也不是，他急得直冒冷汗。慈禧太后这时也发现送出去的“福”字是个错别字，觉得挺不好意思，既不想让杨小楼拿去，又不好意思再要过来。

这时，一旁的李莲英脑子一动，笑呵呵地说：“老佛爷之福，比世上任何人都要多出一‘点’呀！”杨小楼一听，脑筋转过弯来，连忙叩首道：“老佛爷福多，这万人之上之福，奴才怎么敢领呢！”慈禧太后正为下不了台而发愁，听这么一说，急忙顺水推舟，笑着说：“好吧，隔天再赐你吧。”就这样，李莲英为二人解脱了窘境。

领导都是酷爱面子的人，作为慈禧，写错了字让她很没面子。而李莲英的灵机一动，为慈禧打了圆场，从而慈禧把他当做知心人，得宠了几十年。

在现实生活中，如果你能像李莲英那样为领导解围，那么，便可以轻松获得领导更多的赏识和信任，从而提升自己的人脉、财脉。

方建陪同经理参加一个产品订货会。在饭店就餐的时候，有一个人阴沉着脸冲他们走过来。方建认出这是对手公司的员工，因为在一次投标中被方建的经理打败，因此被降职，从此他对方建的经理恨之入骨。方建看了一眼经理，经理很紧张地说：“小心他。”

那个人端着一杯水，径直走到经理对面，突然将水向经理的脸泼去。经理没来得及作出反应，就被泼了个正着。当经理狼狈地拿起手绢擦脸时，那个人已经离开了。虽然方建的业绩一直不错，并且自从那件事之后他更加努力地工作，但不久之后，他还是被经理解雇了。

方建没有立刻替经理化解矛盾，让他在大庭广众之下出丑，并且成为他出丑的见证人。这让经理怀恨在心，因此方建被解雇也就不难理解了。

领导喜欢的是能为自己排忧解难、出谋划策的人，不是见事就躲、不替领导打圆场，甚至把尴尬境地硬推给领导的人。如果上司遭遇尴尬时，你不帮助上司解围，只想着自己摆脱干系，那么你在这个上司手下工作的时间也就不会太长了。

然而，消极地给上司保面子不如积极地给上司争面子。如果发现上司有某种错误或不妥之处，可以在私下委婉地向他提出。在交谈中要时刻注意他的反应，如果他表现出满脸的不高兴，或找出各种理由极力为自己辩解，你就要立即停止，不可再三提示他的错误。如果听完你的提示，他承认自己所犯的错误，并为此表示烦恼，你可以找出适当的借口为他开脱、打圆场，使他得到心理上的安慰，这样他才会把你看做知心人。

人生处世感悟

愚蠢的人用嘴说话，聪明的人用脑袋说话，智慧的人用心说话。

——马云

处世攻略 036 做人要真诚，处世要变通

生活中每天都会面对层出不穷的矛盾和变化，有时候会让人找不到一点头绪，但世界上没有解决不了的问题，关键是要及时转变思路，找到解决问题的切入点。有时候只要换一种思路，换一个角度，就能把看似棘手的事情圆满解决。

春秋时，秦国有个叫孙阳的人善于相马，往往一眼就能看出一匹马的好坏，因此人们都把孙阳叫做伯乐。

为了让更多的人学会相马，使千里马不被埋没，孙阳把自己多年积累的相马经验写成了一本书，详细描述了各种各样的千里马的特征，并配上各种马的形态图，供人们作识马的参考，书名叫《相马经》。

孙阳的小儿子看了父亲写的《相马经》，就拿着这本书到处找好马。一天，他在路边看见一只癞蛤蟆，与《相马经》上说的“千里马的主要特征是高脑门、大眼睛、蹄子像摞起来的酒曲块”很相符，便兴奋地把癞蛤蟆带回家，对父亲说：“我找到一匹千里马，只是蹄子稍差些。”孙阳看后，哭笑不得，只好说：“可惜这马太喜欢跳了，不能用来拉车。”

孙阳的小儿子拘泥于教条，墨守成规，不懂得变通，不但千里马没找到，反而还弄出了笑话。这个故事讽刺了那些不按现实情况办事而拘泥于成法的人。

经验和规矩都是很重要的，可是如果过于刻板，认为经验和规矩都是对的和不能改变的，那就大错特错了。现代社会瞬息万变，如果墨守

成规地做事，恐怕迟早要被淘汰。做人做事要学会变通，不能太死板，要具体问题具体分析，不要被经验束缚了头脑。

王林到一家成立不久的公司当业务员，公司的产品不错，销路也不错，但有一家经销商订了50万的产品，半年还没有回款。转眼临近年关，公司急需这笔钱给员工发奖金，于是王林被派去讨债。他使尽各种方法软磨硬泡，经销商终于同意，付给他一张50万的支票。

拿到支票后，王林兴高采烈地去银行取钱，结果却被告知账上只有499900元。很明显，经销商给的是一张无法兑现的支票。明天就是周末了，如果今天拿不到钱，不知又要拖到什么时候。

王林思索了一会儿，拿出自己的100元钱存到经销商的账户。这样，王林顺利地兑现了支票。当他带着账款回到公司时，经理对他大加赞赏，当场奖给他一个大红包。

执著也很重要，但盲目的执著是不可取的。“守株待兔”这个故事中农夫的执著不但没能等来撞死在木桩上的第二只兔子，而且连地里的庄稼也荒废了。倘若农夫懂得变通，在树下放些诱饵或挖个陷阱，很快就能得到第二只兔子。

萧伯纳说：“明智的人使自己适应世界，而不明智的人只会坚持要世界适应自己。”所以，不要总固执地因循守旧，要敢于变换过去的做法。善于变通者一生顺达，不会变通者只能四处碰壁。我们只要掌握了变通之道，就能应对各种变化，在变化中寻找到机会，在变化中取得成功。

人生处世感悟

与其非常愤怒地大声指责别人的行为，不如怀着理解的心态给对方一个微笑，任何一个人都不会去伤害一个善良的人。

——杨澜

处世攻略

037 空手也能套白狼

很长时间以来，人们认为空手套白狼是一种欺骗，将它与黄粱美梦、华而不实、异想天开等词汇联系在一起。因而人们更钟情于白手起家，勤劳致富。实际上，人们对这个词有所误解。“空手套白狼”是在追求投资回报的最大化，它是以很小的付出或没有付出而取得了很大的回报。这是每个人都在追求的目标。

魏国的张仪领着几个随从到楚国去求富贵，但楚王丝毫不重视他们。于是张仪就去面见楚王，说：“大王如果不用我的话，我准备到晋国碰碰运气。”楚王一口答应了。

“大王需要从晋国带些什么吗？”张仪问道。楚王说：“宝物楚国应有尽有，晋国实在没有什么稀罕的东西。”张仪说：“大王难道不喜欢美女吗？晋国的女子非常漂亮，个个美如天仙呀。”楚怀王听后怦然心动，立刻赐给张仪许多珍珠、玉器，让他去找美女。

张仪拿到珠宝后，故意把这消息传开，一直传到楚王的两个宠姬南后和郑袖的耳朵里。两个人听后大为恐慌，怕楚王移情别恋，急忙去贿赂张仪，让他不要给楚王带美女回来，免得动摇自己的地位。

张仪去晋国之前，楚王设宴与张仪对饮，酒至半酣，楚王还特意让他最宠爱的南后和郑袖给张仪敬酒。张仪一见，立刻跪在楚王面前，说：“请大王把我杀了吧，我欺骗大王了。”

张仪说：“我走遍天下，从来没有见过像南后、郑袖二位这样的美人，我却说要为您找美人，这简直是欺骗大王啊！”楚王说：“你不必内疚，我本来就认为天下的美女谁也比不上她们两人。”

张仪凭着三寸不烂之舌，获得了不菲的财富，让南后、郑袖既满意又感激，同时让楚王的自尊心得到极大的满足，真是一举三得。

其实在我们身边有很多空手套白狼的机会，就看你能不能发现，敢不敢实践。这需要你思维活跃，消息灵通，有胆识，有魄力，同时对于合作伙伴，要懂得感恩，要给别人一定的回报。当对方获得预期的收益时，才会更乐意跟你合作。

王强经常去一家培训公司推销办公用品，跟部门经理很熟。一次，他无意中听说这家公司要印一万套培训材料，他立刻就对经理说自己认识印刷厂的经理，一般的行情是一套 60 元，而自己去找印刷厂能还价到 50 元。王强当然不认识印刷厂的人，只是偶尔听朋友聊过，大量印刷的话，这种材料的成本也就 40 元。

部门经理一听很感兴趣，于是就把这事委托给王强。因为数量比较大，印刷厂给的报价是每套 35 元。一周后，王强将 1 万套材料送到培训公司，整整赚了 15 万。如此轻而易举的“空手套白狼”，怎能不让人羡慕？

当一无所有或者资本不足时，如何发展自己、壮大自己呢？这时就需要你放开眼界，拓展思维，学会利用他人的资本、技术、经验来发展自己的事业。利用明天的金钱办今天的事情，利用他人的金钱办自己的事情，只有博采众人之长，兼收并蓄，才能不断地壮大自己。

人生处世感悟

永远不要让你的左手知道你的右手正在做什么。

——富兰克林·罗斯福

处世攻略

038 见什么人说什么话

到什么山唱什么歌，见什么人说什么话。在和对方交谈时，尽量使用对方认同的语言，谈论对方熟悉和关心的话题。话语不但要恰到好处地表达自己的思想感情，还要让别人准确理解你的谈话目的，并乐于接受。

隋朝时，徐文远担任国子祭酒，此人学识渊博、门人众多，李密和王世充都曾是他的学生。

隋末天下大乱，李密率瓦岗军围攻洛阳，由于城中断粮，徐文远被迫到城外挖掘野菜充饥，结果被李密手下的士兵所俘获。李密一看是他，立即请他上坐，以学生见老师之礼向他叩拜。

后来李密失败，徐文远又回到洛阳城内，屈居于王世充的治下，王世充自立为王，仍以徐文远为国子博士。徐文远见到王世充时仍然要顶礼膜拜。有人对此感到困惑不解，问他为什么在李密面前那么高傲，而对王世充却要如此尊敬。徐文远说："李密是正人君子，有包容的雅量；王世充乃一卑鄙小人，对故友旧人照样下手，因此我不敢冒犯。"

唐朝建立后，徐文远仍在国子监任职，深得唐高祖的欣赏，死时74岁。

徐文远在乱世当中得以存活下来，其聪明机智足以为后人所称道。徐文远之所以能在乱世中保全自己，屡被重用，就是因为他针对不同的人有不同的应对之法，懂得灵活处世。

生活中，人们的心理特点、脾气秉性、语言习惯都各不相同，这就决定了他们对语言信息的要求是不同的。所以，要根据各种人的地位、身份、文化程度、语言习惯来选择不同的说话方式，不能用统一的、通用的标准来沟通交际。

有这么一个典型的职场案例：

公司结构发生调整，要调一名人事部的老员工去营销部，该员工产生了抵触情绪。经理知道后，找他谈话："如今市场竞争激烈，公司最近效益又不好，因此打算辞退几名没有特长的员工。因为你口才不错，所以让你到营销部闯一闯，你如果不去，可没其他机会了。"听了经理一番话，该员工心知利害，服从了公司的安排。

到什么山唱什么歌，见什么人说什么话。做人做事要懂得察言观色，否则就如同不知风向便去转动舵柄，一不小心便会翻船。

公司准备让一位年轻下属负责一个大项目。这个年轻人很有能力，但经验稍显欠缺，因此信心不足。经理对他说："别人能做到的事，你一样也能做到。很多商业巨子，不都是在你这个年纪闯出了一片天地吗？我对你有信心，相信你会顺利完成的。"领导的鼓励给了年轻人莫大的动力。

对于"老油条"的员工，经理通常会造势攻心，不动声色强制执行公司的决定。而对初出茅庐的新人，经理则给予了充分的鼓励与信任，从而达到了满意的效果。

对于办事严谨、诚实的人，说话时要以忠实见长，朴实无华，直而不曲。若对方性情豪放、粗犷，那么就应忠诚、坦白，对美丑、善恶的爱憎要强烈分明。

与地位高者谈话时，态度要尊敬，回答问题要简练适当。与地位低于你的人谈话时，必须庄重、有礼、和蔼，避免高高在上的态度。

见什么人说什么话的谈话方式不仅能表现出自己的素质修养，更能让对方在与你的谈话中感受到尊重与信任，可以帮你处理好工作、生活中的很多事情，因此不可不知，不可不学。

人生处世感悟

毒蛇是在光天化日之下出现的，所以步行的人必须刻刻提防。

——莎士比亚

处世攻略

039 选择决定成败，良禽择木而栖

人的一生需要面对很多的选择，选择的过程是艰难的，有时候甚至可以影响一辈子。如果想在事业上游刃有余、一路顺畅，就应该选择能尽情发挥自己才能的好单位和善用自己的好领导。

王猛年少时很少被能人赏识，只有徐统见到他后认为他非同一般，任命他作功曹，但王猛素“怀佐世之志，希龙颜之主”，所以避而不应。

过了几年，大将军桓温带兵北伐，击败了苻健的军队，把部队驻扎在灞上，王猛到桓温的大营求见。桓温请他谈谈对当时社会局势的看法。王猛纵谈天下大事，滔滔不绝。桓温觉得王猛非同凡响，就想请他辅佐自己。但王猛认为桓温不忠于朝廷，怀有篡权野心，未必能够成功，于是便拒绝了桓温的邀请。

前秦的苻生继位后，昏庸残暴，杀人如麻。苻健的侄儿苻坚想取而代之，于是广招贤才，以壮大自己的实力。他听说王猛博学多才后，就请王猛出山。苻坚与王猛一见面就十分投缘，他们一起畅谈天下大事，双方意见不谋而合。苻坚觉得自己遇到王猛好像三国时刘备遇到了诸葛亮；王猛也觉得眼前的苻坚才是值得自己一生效力的对象，于是他留在了苻坚的身边为他出谋划策，治理天下，并最终干出了一番轰轰烈烈的大事业，成为中国封建社会杰出的政治家之一。

王猛不愿意侍奉平庸之人，于是耐心等待贤君。苻坚的赏识使王猛的才能得以展现，他在苻坚的支持下成就了一番事业，留下了千古佳话。

优秀的人才要主动地选择工作环境，俗话说得好，人往高处走，水往低处流。不管是出于职业发展考虑，还是对高薪的期望，或是想换个工作环境，优秀人才流向更有发展前途的单位是大势所趋、人心所向。

张明大学毕业后，进入一家小公司工作。他跟着老板一干就是5年，从一个业务员做到了公司的业务经理。张明兢兢业业，为公司付出了许多，但他发现老板十分满足于现状，不思进取。

老板小富即安的性格，使张明建功立业的愿望大受打击。于是他开始留意更合适的工作机会，并很快有了一次某著名企业招聘业务经理的面试机会，并应邀加入了这家企业。在新公司中，张明与老总配合默契，许多策略都与老总不谋而合，他的事业心得到了充分的发挥，能力也有了很大的提升。两年后，张明成为这家著名企业的副总。

现代社会，是一个充满活力与自由的社会，可以选择的机会很多。跳槽本身并不难，难的是在跳槽中如何使自己得到发展、得到提升。每换一次新的工作，都能让自己更接近心中成功的目标，这才是真正有意义的跳槽。因此在跳槽过程中，要更注重个人发展机遇和所在单位的前景，而不能一味地看重薪酬。同时，身为优秀的人才，还要学习，学习，再学习，使自己变得更优秀，才能有更多好的选择。

人生处世感悟

如果没有人欣赏，乌鸦的歌声也就和云雀一样；要是夜莺在白天杂在群鹅的聒噪里歌唱，人家绝不以为它比鹪鹩唱得更美。多少事情因为逢到有利的环境，才能够达到尽善的境界，博得一声恰当的赞赏！

——莎士比亚

处世攻略

040 劝将不如激将

人争一口气，佛争一柱香，古往今来，为争一口气的人们总是不惜牺牲一切。人们都是有惰性的，都爱面子，他们能成为英雄很多时候来源于外力的推动。激将法便是一种有效的激励手段。

西凉马超率兵攻打葭萌关的时候，守将孟达、霍峻抵挡不住，如果救援晚了，关口就守不住了。诸葛亮对刘备说："只有张飞、赵云二位将军，方可抵挡马超。"刘备说："赵云在外领兵回不来，张飞在这儿，让他去吧。"诸葛亮说："待我激他一下。"

这时，张飞听说马超前来攻关，主动请求出战。

诸葛亮佯装没听见，对刘备说："马超智勇双全，无人可敌，除非去荆州唤关云长来，方能对敌。"

张飞说："军师为什么小瞧我？我曾一人抵挡曹操百万大军，难道还怕马超这个匹夫！"诸葛亮说："你在当阳拒水桥，是因为曹操不知道虚实，若知虚实，你怎能安然无事？马超英勇无比，天下的人都知道，他渭桥六战，把曹操杀得割须弃袍，差一点丧命，绝非等闲之辈，就是关云长来也未必能战胜他。"

张飞说："我今天就去，如战胜不了马超，甘当军令！"

诸葛亮看"激将法"起了作用，便顺水推舟地说："既然你肯立军令状，便可以为先锋！"

结果张飞与马超在葭萌关下酣战一昼夜，斗了二百二十多个回合，一举打掉了马超的锐气。

如果没有军令状的刺激，张飞的潜力就很难挖出来，就很难能和马超打个平手。诸葛亮激起了张飞的好胜心，而好胜心恰能让张飞变得更英勇。没有人会轻易服输。人们争强好胜的性格正是激将的心理基础。

某机械制造厂改革用人制度，决定公开选拔中层干部。通知贴出之后，大家都一致看好能力技术俱佳的技术员小张。然而，小张却信心不足、犹豫不决。小张的师傅见此情景，直言相激："小张，你不是大学的高才生吗？大家还指望着你出息呢！没想到，你连个车间主任的位子都不敢接，你真是个窝囊废！"

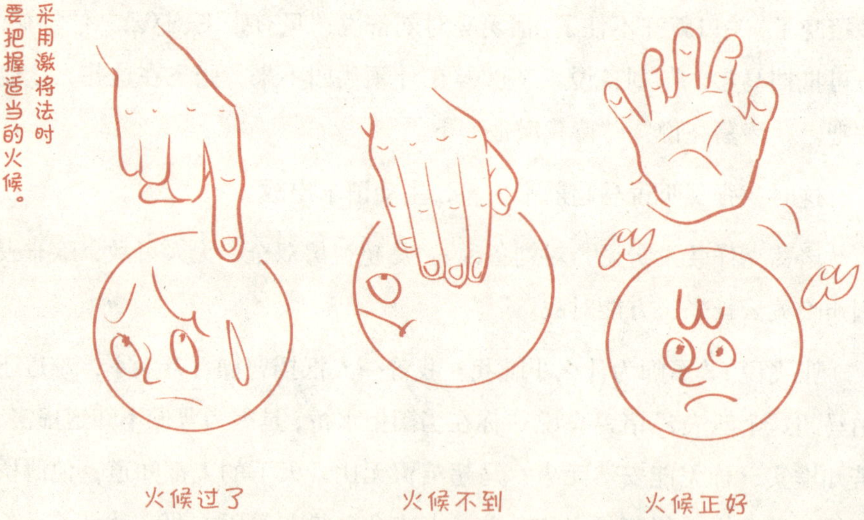

激将法是一种有效地激励手段。如果火候太过，会给对方造成心理压力；火候不足，便激发不起对方的情趣；只有适中的火候，才能达到最佳的激将效果。

“我是窝囊废？”话音未落，小张就跳了起来，“好，你等着瞧！”他当场揭榜应聘了车间主任，很快在短时间内干出了一番好业绩。

人总是有自尊的，小张的师傅找准这个点，狠刺一下，通过巧妙的刺激，促使小张作出了积极的反应。

激将术主要是通过言语的挑拨或事情的刺激等手段，让对方进入激动状态，如愤怒、羞耻、不服，去干平时不敢干、不愿干的事。比如非常希望某个人去干某件事，而这件事凑巧这个人又不想去干，那你就可以使用激将法来达到你的目的。使用激将法通常可以故意给他戴高帽，让他不得不去做这件事；或者故意把他说得很不好，挑起他的好胜心态。

使用激将法虽然在一些情况下可以取得奇效，但使用此法时要掌握好刺激的火候，要适可而止。每个人承受外界环境的刺激或压力都有一定的限度。如果火候太过，会造成对方的心理压力，诱发出逆反心理，对方就会一味固守其本来的立场、观点；而如果火候不足，语言不疼不痒，就激发不起对方的情感波动。

人生处世感悟

上天给每个人一份天才，只是它藏在某个角落，等着你的老师、你的长官、或是你自己，把它发掘出来。

——刘墉

处世攻略

041 随机应变，巧当和事佬

在双方陷入对立冲突之时，惹恼了任何一方，都会给自己带来不必要的麻烦。在这种情况下，一定要等距离外交，对谁都要笑脸相迎，让每一派都把你当成“自己人”。其中的关键在于拿捏好分寸，要两边都不得罪，这是一件高难度的事情，尤其是两边剑拔弩张、你死我活的时候，还能在两方中间两不得罪。这种随机应变的技巧需要一个人具有非凡的智慧。

清末有一位官员叫陈树屏，口才极佳，善于调解纷争。他在武汉江夏当知县的时候，张之洞在湖北担任总督，谭继询担任巡抚。张之洞与谭继询的关系素来不太好。

一天，陈树屏在黄鹤楼宴请张之洞、谭继询等人，席间有个人谈到江面的宽窄问题，谭继询说是五里三分，张之洞说是七里三分，双方争执不下，都不肯妥协。陈树屏知道两人关系不合才酿成如此僵局，于是他灵机一动，说道：“江面水涨就宽到七里三分，而落潮时便是五里三分。张督抚是就涨潮而言，而抚军大人是就落潮而言。两位大人都没说错。”听了陈树屏的话，众人开怀大笑，一场气氛紧张的纠纷就此迎刃而解。

按常理说，谭继询、张之洞都是陈树屏的上司，都是他不敢也不能得罪的领导，但两人确实又有过节，所以陈树屏不能明确地讨好其中一方，只能是两边讨好，两不得罪。

在现实生活中，总会遇到类似领导、同事、朋友彼此不和的尴尬局面，如果你能为他们及时解围，巧妙地充当一个和事佬，使大家化解尴尬，气氛融洽，不仅能获得他人的赏识和信任，也能提升自己的人格魅力。

某公司举办元旦文艺晚会，员工们利用道具自行编排和表演节目，然后进行评比。表演刚结束，观众们已经分成两派，第一组的人说第一组的好，第二组的人说第二组的好，各不相让。

眼看活动即将陷入僵局，主持人灵机一动，对大家说："两组都应该得奖。第一组的节目编排富有创意，应该得创意奖；第二组的节目表演到位，应该得表演奖。"于是两组的人皆大欢喜。

举办晚会的目的在于丰富员工的生活，如果大家为了名次而闹得不愉快，实在有违举办晚会的初衷。这时，主持人针对两组节目的特点分别予以肯定，使问题得到圆满解决。

在争执双方的观点明显不一致时，不能"和稀泥"，不能丧失原则，善恶不分一塌糊涂，要讲究技巧。如果能把双方的分歧点分解为事物的两个方面，让分歧在各自的方面都显得正确，这必定是一个非常好的解决办法。

在当和事佬的同时，要注意一个原则，就是不偏不倚，要让双方都觉得你没有任何的偏向。否则，你的圆场恐怕就是火上浇油。在打圆场时，作为圆场之人一定要用理解的心情，找出尴尬者陷入僵局的原因，想出好的圆场办法，最终达到"你好我好大家好"，从而和气收场。

人生处世感悟

上天给每个人一份天才，只是它藏在某个角落，等着你的老师、你的长官、或是你自己，把它发掘出来。

——刘墉

处世攻略

042 人是最经不住赞美的动物

威廉·詹姆斯说："人性中最深切的禀质，是被人赏识的渴望。"每个人都暗暗为自己的优点而得意，并希望别人注意和赞美自己的优点。人们总是自觉不自觉地在他人那里寻找自身存在的价值，其内心深处都有被重视、被肯定、被尊敬的渴望。拣别人爱听的、想听的话说，迎合他的虚荣心，满足他对被尊重、对被赏识的渴望，自然可博得对方的欢心。

战国时期，韩氏要建造一座新城，限期十五天建成。大臣段乔负责主管此事。有一个县的劳工迟到了两天，段乔就逮捕了这个县的知县，将其囚禁起来。被囚知县的儿子想解救父亲，就找到子高，说："只有先生能救我的父亲，希望您不要推辞。"子高答应了这件事。

于是子高去见段乔，见面后，子高并不直接提放人的事，而是登上城墙，向左右张望，然后说："这城修得太漂亮了，这是您的一个大功劳，您一定能得到厚赏。功劳这样大，并且整个工程结束后又未处罚一个人，真是前所未有的功德之事呀。"

段乔见子高对他工作有如此高的评价，心中很是高兴，等子高走后，便立刻把知县释放了。

恭维话人人都爱听。只要你说得自然、令人信服、恰到好处，就一定能博取他人的好感。子高只说了几句赞美恭维的话，就轻而易举地达到了目的。

赞美别人有助于建立一种亲切友善的人际关系。只要懂得了赞美的方法，在人际交往就可能如鱼得水。一句鼓励的话语、一阵赞赏的掌声，都会使一颗疲惫的、困顿的心灵感受到一缕阳光般的温暖，人的许多潜能和真挚的情感便会被奇迹般地激发出来。

王丽的儿子6岁时，特别喜欢唱歌跳舞，于是王丽给他买了一架钢琴供他学习。可是小男孩生性顽皮好动，每次都是弹到一半就跑出去玩了。王丽经常对他批评训斥，可也没什么效果。

有一天，男孩胡乱弹了一首曲子，正准备溜出去玩，王丽和蔼地对他说："儿子，你弹的是什么曲子呀？怎么这么好听。妈妈好久没有听过这么美妙的音乐了，你再给妈妈弹一遍吧。"男孩听了很高兴，又弹了一遍。王丽又鼓励他弹了一些其他曲子，并告诉儿子，自己喜欢听他弹的曲子，看他能不能每天弹一些，儿子愉快地答应了下来。

过了一个多月，男孩终于培养起弹钢琴的浓厚兴趣。每天放学回家，第一件事就是弹钢琴。

俗话说"好孩子是夸出来的"，王丽的赞美使儿子更加积极努力，发挥出自己的潜能，对弹钢琴培养起了兴趣。所以我们不要吝啬对孩子的赞美，努力发现孩子的优点，把孩子当做天才来欣赏。

适当的赞美，能拉近彼此之间的距离，使人际关系更加融洽。但是说赞美话，给人戴高帽子，一定要因人而异，具体情况具体分析。同时要注意适可而止，名不副实的恭维是不明智的，会让他人觉得受到了愚弄，你的恭维便会适得其反，所以赞美的话尽量不宜夸大无边。

人生处世感悟

说话周到比雄辩好，措词适当比恭维好。

——培根

第六章——

厚黑

左右通赢的博弈智慧

“厚黑”并不是教你抛弃道德观念，一味地损人利已，而是说在有的时候必须掌握非常规的为人处世的方法与技巧。

自古至今，王侯将相，豪杰圣贤，凡成大事者，无不是深谙厚黑学的高手。这些厚黑之道能让你轻松应对生活中的各种难题，能让你在求人办事时得心应手，能让你在事业的成功之路上更快捷、更顺利地达到你预期的目标。

处世攻略
043 软硬兼施，恩威并济

我们知道，任何一种单一的方法都有不可避免的副作用。对人太宽厚了，就会让人觉得你好欺负，于是经常受到别人行为、言语的戏弄与不恭；对人太严格了，则又会招致对立，处处树敌。有一利必有一弊，不能两全。高明的人总是恩威并济，追求软硬兼施的巧妙效果。

乾隆在位期间，大兴文字狱，有案可查的竟有七十余次。内阁学士胡中藻因一本诗集，族人 16 岁以上者全被处斩，连朋友也受牵连。大兴文字狱搞得文人骚客人人自危，乾隆用高压政策巩固了自己的地位。

然而，有时乾隆又对知识分子采取怀柔政策。他规定遇见大学士，皇族的老老少少要行半跪礼，称“老先生”；如果这位大学士还兼着“师傅”，就称之为“老师”。同时，他又大搞正规的科举活动，不断网罗文人加入为朝廷服务的队伍。平时，乾隆对上送的奏章，凡见到鄙视“书生”的议论总是要予以批驳。

乾隆之所以如此做，全是出于维护皇权至上、族权至上的目的。而他对知识分子使用的“棒子和胡萝卜”的政策也达到了预期的目的，在他统治时期，社会稳定，政治、经济等都有了较大的发展。

在管理的过程中，光有软的或硬的似乎都不妥，最高明的则是软硬结合，宽严相济。高明的企业领导深谙此理，有时两人唱双簧，一个唱红脸，一个唱白脸。有更高明者，可以根据角色需要变换脸谱。

在教育孩子的过程中也是如此，该强硬的时候必须强硬，该温情的时候也必须温情，使孩子既感到尊严的存在又承认你的领导地位，这样孩子才能更好地成长。

陈刚是一个中学生，他邻居家丢失了一些钱财，怀疑是陈刚偷的，但陈刚不承认是自己干的。派出所的干警来学校了解情况后，十分严肃地对陈刚说："我们已经掌握了一些情况，之所以还找你谈话，主要是想给你一个机会。我们的政策是坦白从宽，抗拒从严。你好好考虑一下，明天我再来找你。"

员工工作的目的除了获得薪酬外，还希望能够得到发展并有足够的成就感。作为领导者，要懂得运用人性化管理来满足员工除金钱以外的其它需求。

派出所的干警走后，班主任马上找陈刚谈心："陈刚，派出所的干警来学校找你，是想给你个机会，是为了挽救你呀。你家庭条件不好，父母为了你能够上学，整天起早贪黑，你仔细想想吧。你这么做对得起谁呀？"

班主任的一席话让陈刚热泪盈眶，他终于交代了入屋行窃的事，并表示要改过自新，重新做人。

派出所的干警和班主任从不同侧面向陈刚展开攻心战。干警的话义正词严，显示了法律的尊严和威慑力，而班主任的一番话侧重感情，打动人心。这样一软一硬，恩威并施，终于攻破了陈刚的心理防线。

很多人都是"软的欺，硬的怕"，因此对待他们要恩威并施。施恩的用意在于建立自己的"名声"，施威的用意在于提高自己的"威望"。"声望"树立起来了，基础也就牢实了，成功也就不期而至了。

人生处世感悟

对员工忠诚，员工反过来就会对你忠诚；对员工负责，员工反过来就会对你负责。

——张瑞敏

处世攻略

044 武林高手都是这么炼成的

为人处世，千万不能一根筋，不能在一棵树上吊死，而应该左右兼顾，巧妙周旋，脚踏两只船，以保证自己屹立不倒。

明朝嘉靖年间，徐阶是大学士张居正的老师，那时候师生关系是最厉害的门路了，因此张居正深得徐阶的信任。

当时，徐阶正和内阁首辅严嵩进行激烈争斗。张居正不过是小小的七品官，也没有多少钱财，于是，张居正开始替严嵩捉刀代笔，写了大量善颂善祷的文字，令皇帝龙颜大悦。

张居正还精心撰写了不少吹捧严嵩父子的诗词歌赋，很是肉麻。结果，就连在官场摸爬滚打、老奸巨猾的严嵩也被他蒙蔽了，直夸奖他不亢不卑、才堪大用。而在讨好严嵩的同时，张居正暗地里一直为徐阶推倒严嵩父子出谋划策。在徐阶和严嵩的争斗中，巧妙周旋，刀切豆腐两面光，而处于争斗状态的两大权臣徐阶和严嵩对张居正都很器重、很喜欢。

张居正采取了表面上韬光养晦、暗地里两面讨好的策略，这样就保证了无论最终的结局如何，张居正都不会吃亏。结果也正是如此，当严嵩被徐阶扳倒后，张居正又得到了徐阶的提拔。

在日常工作中，同样要有脚踏两只船的意识。当一件事情没有绝对的把握时，就不要贸然表态，得罪任何一方。而在想跳槽时，不要放出想跳槽的风声，如果没有明确的下家愿意接纳你，也不要贸然离职。如果同时有两家或以上的单位对你有兴趣时，不要明确接受或拒绝他们的邀请，而要脚踏两只船，深入了解情况后，再做出有利于自己的决定。

1968年，美国总统大选期间，基辛格给尼克松的竞选团队打了一个电话，明确表示他可以向尼克松阵营提供宝贵的内部情报。尼克松团队非常高兴，表示一旦竞选成功，国务卿的位置就是基辛格的。与此同时，基辛格也向民主党提名人韩福瑞表示了他的这种意愿，韩福瑞要求他提供尼克松那边的内部消息，基辛格就把尼克松方面的情报全盘托出了。

其实基辛格的目的就是获得国务卿这个位子，而尼克松和韩福瑞都答应给他这个位子，不管谁赢了大选，基辛格都将从中获利。最后，胜利者是尼克松，基辛格顺利地当上了国务卿。基辛格同时担任尼克松和韩福瑞的亲信顾问，两派同时基辛格把当成“自己人”，而基辛格游刃于两派之间，脚踏两只船，保证了自己的国务卿的位置。

如果在办公室中，存在两个势不两立的领导，那就应该两个都不得罪。不能明确地投靠其中一方，以防止得罪另外一方而遭其报复，而应该两边讨好，巧妙周旋，对谁都要笑脸相迎，这样不论将来是东风压倒西风，还是西风压倒东风，你的利益都会得到保证。

脚踏两条船这事，如果干得好，叫慎重选择，可以两面讨好，如果干得不好，就里外不是人、两脚蹬空掉进水里了。这是一件高难度的事情，需要慎重把握。

人生处世感悟

三人行，必有我师焉。择其厚黑者而从之，其不厚黑者而改之。

——李宗吾

处世攻略

045 顺藤摸瓜，投其所好

清代商人胡雪岩，为了与左宗棠拉上关系，颇费了一番心思。为了取得左宗棠的信任，胡雪岩做了两件事：

第一，献米献钱。当初杭州被围时，胡雪岩冒死出城，到上海采购大米，以救杭州粮绝之急。胡雪岩购得大米 1 万石后运往杭州，但无法进城，只好将米转道宁波。杭州收复后，胡雪岩将 1 万石大米运至杭州，又无偿捐给左宗棠 1 万石大米。此外，胡雪岩又送上 10 万两银子，是为了让攻下杭州的官军自我约束不要扰民。这些粮食和银两，对杭州城收复后的善后工作至关重要。

第二，捐献军饷。左宗棠东征镇压太平军时，军队每月需要的饷银达 20 多万两，当时朝廷用兵打仗采取的是“协饷”的办法，也就是由各省出钱作军饷，实际上，各支部队要自己想办法筹饷。听说左宗棠筹饷有困难，胡雪岩表示愿意尽一份力，一下子解决了左宗棠的后顾之忧。

胡雪岩送礼解决了左宗棠头痛的难题，得到了左宗棠的信任，由此，左宗棠成为胡雪岩在官场上更有力量的靠山。在左宗棠的大力举荐下，胡雪岩还得到朝廷特赐的红顶子。

中国是一个重人情的社会，很多事情靠公事公办往往办不成。因此求人办事时要送礼，送礼才好办事。然而送礼也是一门艺术，自有其约定俗成的规矩，送给谁、送什么、怎么送都很有奥妙，绝不能胡送、滥送。

王老板经营一家农机公司，眼看农忙季节就要来临，对农机设备的需求肯定会加大，他赶忙去省农机设备厂进货。

等他赶到农机设备厂的销售科时，碰了一鼻子灰。原来今年的农机销售很火暴，供不应求，没有特别的关系，根本进不到货。

王老板从与业务员的交谈中了解到，销售科的科长平时喜欢舞文弄墨，尤其喜欢书法。听到这里，他想到了自己家里藏有一幅当代书法家的作品，自己又不懂欣赏，何不拿出来送给销售科长呢？

当销售科长打开王老板送的这份礼物后，禁不住啧啧称赞。王老板趁机说出自己进货的需求，销售科长二话没说，当即答应了。两天后，王老板拉着紧俏的农机设备回到公司。

有付出才会有回报，先要给予才能索取。在商场上摸爬滚打的商人深谙此道。王老板拿出了自己珍藏的书法，得到了销售科长的鼎力相助。

人人都有自己的喜好，所以要想将礼物的功效发挥到最大，还应讲究投其所好，把挑选出的礼品在适当的时候送给所求之人，才能使别人高兴，让他帮你办事也是在情理之中，事情的办成也就十拿九稳了。另外，如果你能送对方急需的东西，那效果可就非同一般了，因为雪中送炭是最能打动人内心的。急别人之所急，别人都会真心地感谢你，帮你办事。

用送礼的方法求人时，首先要学会放下面皮，敢于去送，俗话说舍不得孩子套不住狼。因为赠送礼物能表达自己的强烈感情，能给受礼者留下深刻的印象。特别是有要事相求时，符合对方需求的礼物更是如涸鱼得水、雪中送炭。

人生处世感悟

在和多个上司相处时，要学会做墙头草，风往哪儿吹就往哪儿倒。

——李宗吾

处世攻略

046 以其人之道还治其人之身

面对难缠的角色或者是难以处理的问题时，以其人之道还治其人之身是最有效的，也是最厉害的措施。

武则天当上皇帝后，为了维持自己的统治，采用严刑峻法，消除异己。她任用了一批酷吏，周兴和来俊臣是其中最有名的两个，有成千上万的人冤死在他们手下。

有一回，一封告密信送到武则天手里，内容竟是告发周兴与人联络谋反。武则天便派来俊臣去审理这宗案件。来俊臣和周兴平时关系不错，感到很棘手，他知道周兴是个狡猾奸诈之徒，仅凭一封告密信，是无法让他说实话的。他苦思冥想，生出一计。

一天，来俊臣准备了一桌丰盛的酒席，请周兴来饮酒聊天。酒过三巡，来俊臣装出满脸愁容，对周兴说："我平日办案，常遇到一些犯人死不认罪，不知老兄有何办法？"周兴得意地说："我最近发明了一种新方法，不怕犯人不招。找一个大瓮，四周堆满炭火，再把犯人放进去。再顽固不化的人，也会招供的。"

来俊臣听了连连点头称是，吩咐手下人抬来一个大瓮，照着周兴所说的方法，在四周点上炭火，然后对周兴说："有人告你谋反，皇上命我来审问你，如果你不老老实实供认的话，那我只好请你进这个大瓮了！"

周兴听了惊恐失色，知道自己在劫难逃，只好俯首认罪。

来俊臣以其人之道还治其人之身，用周兴整治别人的办法，来整治周兴，这一狠招威力极大，让周兴立刻承认了罪行。

面对一些奸邪小人，绝对不可有“妇人之仁”，应该以牙还牙，以毒攻毒。若是对坏人动了菩萨心肠，心慈手软，只能深受其害。所以，面对小人的圈套和诡计，你必须保持冷静。在对方想用毒计整治你、侮辱你时，最好用对方讲的道理、方法、要求，照样画葫芦，返还给对方，使其搬起石头砸自己的脚,而且“哑巴吃黄连——有苦说不出”。面对小人，若能及时发现并抓住对方的弱点，以其人之道还治其人之身，将会使其陷入尴尬的境地，收到事半功倍的效果。

小王从一个朋友那里借来一部数码摄像机，他在宿舍对着说明书仔细研究着，准备周末跟女朋友出去玩时用。不一会儿，小张走进了宿舍，他有个不好的习惯：见了同学有好玩的东西，非得借去玩几天不可。这次看见了小王手中的摄像机，又提出要借几天玩玩的要求。尽管小王百般拒绝，小张仍然不肯放过。

小王灵机一动，说：“好吧，我可以借给你，不过你不能借给别人，你做得到吗？”小张连忙说：“当然，我一定做到的。”“绝不失信？”“绝不失信，失信还能叫做人？”“我也不能失信，因为我也答应过别人，这个机器绝不外借。”听到这儿，小张也目瞪口呆了，这件事也只能作罢了。

小王没有直接表明自己的意思，他利用小张的话来拒绝他，这是一种更聪明的选择。小王以其人之道还治其人之身，让小张“哑巴吃黄连——有苦说不出”。

“以其人之道还治其人之身”的理论在博弈论中被称为“一报还一报”策略，它可以促进人与人之间的合作，从而形成基于个体理性的集体理性结局，形成社会的道德共识。简单说就是：你对我好，我就对你好；你对我不好，我也对你不好。我对你好，是为了你能继续对我好。我对你不好，不是睚眦必报的互相损害，而是要将对方重新拉回合作的轨道。所以，一报还一报策略能够带来双方的合作。

人生处世感悟

遇到别人恶言相向时，怎么办？如果对方是还要相处的同学同事，那我建议你可以回问“你为什么这么生气啊？”或“什么事把你气成这样啊？”这句话应能稍微唤醒对方用理性谈事情，也有助你和对方都冷静些。遇到疯拳，先用轻功闪开，争取一点探问的时间，胜过直接还手，引起不必要的混战。

——蔡康永

处世攻略

047 要想钓到鱼，就要有鱼的思想

通常我们说服的目的就是“为自己”，而非“为别人”。如果能够充分理解这一点，那么想要说服他人就有如探囊取物般容易了。我们在劝阻对方放弃固执、愚蠢、鲁莽、不智的举动时，只要了解对方真正追求的利益何在，摆出利害关系，就会使对方心服口服。

战国时期，苏秦最初游说秦国兼并天下之术，秦王不听，于是苏秦决心组织合纵，抗击强秦。他先来到燕国，对燕文公说：“燕国之所以没有受到秦国的侵犯，是因为南边有赵国这座屏障。如果燕赵合纵亲善，燕国就没有什么可担忧的了。”

燕文公听了很高兴，派他为大使去游说赵国。苏秦对赵肃侯说：“赵国是实力强大的国家，是秦国眼中最大的劲敌。但为什么秦国不发兵攻赵呢？是害怕韩魏两国在后面暗算他。因此想保全赵国，必须保证韩魏不屈服于秦。如果赵国与山东五国合纵联盟，秦国的军队一定不敢走出函谷关，大王的霸业就一定能成功。”

赵肃侯很赞同，便委任他为赵使，去见韩宣惠王。苏秦对韩王说：“韩军如此强悍，而大王竟拱手把土地献给秦国，真让天下人笑话。韩国土地有限，秦国贪求无厌，照这样下去，用不了多久，大王的土地就被秦国侵占完了。俗话说：‘宁当鸡头，不做牛尾。’以大王您的贤能，难道甘做牛尾，被各国耻笑吗？”

韩王听罢挺身而起，激愤地表示决不再向秦屈服。

苏秦又赶去见魏惠王，对他说："贵国并不比别人差，现在几个国家已经联盟，大王为什么反而落后呢？"于是魏惠王也听从了他的主张。

苏秦又去见齐威王说："齐国如此强大，加上大王的贤明，谁能为敌？大王又何必害怕秦国呢？如果大王听从我劝，参加洹水之盟，就不会再怕秦国。"齐威王也同意了他的主张。

苏秦最后去见楚威王说："列国之中，能够与秦比个高低的，只有大王了。大王登高一呼，诸侯们就都会跟着搞合纵。否则秦搞连横，诸侯遭殃，楚国也要割地求和。这是两条截然不同的外交路线，结果也大相径庭。大王您选择哪一个呢？"楚王一听，表明愿意参加合纵抗秦。

几天之后，各国君臣在洹水聚会，歃血缔盟，六国共推苏秦为"纵约长"，他身佩六国相印，开始了自己辉煌的人生。

在劝说别人时，只有指出对方的利益所在，对方才能被你说动。苏秦从各国的切身利益出发，帮助它们分析利弊，指出只考虑眼前的小利而不顾长远利益的不良后果，使之真正认识到了不参加合纵的严重后果，于是各国纷纷加入合纵。

在说服过程中，劝阻不成功很大程度上是因为劝阻者一味地讲抽象的大道理，没有抓住对方固执的行动给他自己造成的危害，没有站在对方的角度上耐心地帮助他分析利弊得失。

护士小张要为肿瘤患者孙太太抽血检测。孙太太说："不能抽了，我太瘦了，再抽血身体会出毛病的。"

小张耐心地解释："抽血是因为要检查骨髓的造血功能是否正常，如果白血球、红血球的数量下降得厉害，就不能继续做放疗，对身体不好。一点点血，对你不会有什么影响的。再说还可以补充过来呀。"

孙太太终于被说服，同意抽血化验了。

孙太太之所以拒绝抽血，主要是因为她没意识到这是为了保护自己。小张抓住孙太太的切身利益，从这个角度加以说服，使孙太太放弃了自己固执的决定。

现代商品社会，很多人唯利是图，实惠观念很强。想要说服这类人，动之以情、晓之以理恐怕很难达到目的，还得陈述利害关系让对方感觉到危机的存在，因此“诱之以利”是切实有效的一招。而对于那些明事理、重情义的人，如果你也能设身处地充分考虑对方的切身利害、实际困难，对于你解决问题也是大有帮助的。

人生处世感悟

朋友这种关系，美在锦上添花，贵在雪中送炭。

——三毛

处世攻略

048 善待大人物身边的人

唐代的李林甫，没有多少学问，深知难以通过走科举之路达到升官的目的，于是他就拉关系、走后门。他不光讨好大官权贵，而且相信“枕边风”的力量，竭力巴结、讨好那些贵夫人。

侍中裴光庭的夫人，原本是武三思的女儿，李林甫便大献殷勤，讨得她的欢心。裴光庭一病死，李林甫就伺机而动，瞄上了宰相的高位。于是，他就通过新寡的裴夫人请求大宦官高力士帮忙。当时唐玄宗准备任命尚书右丞韩休为宰相，李林甫一从高力士那里得到“喜信”，就抢先去向韩休报喜。“投桃报李”，韩休就向玄宗推荐李林甫有大才，应当重用。

这时，武惠妃极受皇帝宠爱，她的儿子寿王也深受玄宗的恩宠，而皇太子李瑛则逐渐受到疏远。于是，李林甫趁机向武惠妃大表“忠心”，愿意拥护寿王登上皇帝宝座。这一招虽然有点冒险，却大见成效：武惠妃很感激，就在皇帝面前大吹“枕边风”。这样一来，李林甫很快就受到玄宗的“青睐”，官拜黄门侍郎。后来在武惠妃的帮助下，加上李林甫在皇帝面前挑拨排挤，终于当上了独揽大权的宰相。

李林甫在求人办事时，没有直接找到当事人，而是通过旁敲侧击的方法，从大官和皇帝的身边人入手，最终达到了自己的目的。

张敬尧最初跟一个说书人学说书。后来，他觉得说书太辛苦了，就利用一个偶然的机会混进了北洋军队。

张敬尧虽胸无点墨，但凭着能说会道、投机钻营，很快由排长升为营长，但他仍不满足，仍挖空心思往上爬。有一天，他偶然知道袁世凯的宠妾杨氏喜爱喝进口白兰地，便决定好好利用这一机会。

之后，杨氏经常会收到一箱箱不知是谁送的白兰地。过了一段时间，她暗中查访，才知道是张敬尧送的，她心里十分高兴，便会见了张敬尧。张敬尧充分利用自己的口才，把杨氏哄得全身舒坦，笑逐颜开。没过多久，张敬尧就被升为旅长。以张敬尧当时的身份，想直接讨好袁世凯有些难度。他换了个角度，转而讨好袁世凯的宠妾杨氏，从而达到了日后步步高升的目的。

求大人物办事时，因为是利益两方，这其中的矛盾使大人物很难受到求他办事的人的影响，加上大人物的身份、地位等原因，想要直接接触也不是一件容易的事。

而大人物身边都有一些小人物，他们的职位虽然不高，手上也没有什么实权，但他们所处地位特殊，天天和领导在一起，朝夕相处使得他们可以影响大人物的决策和决定。求大人物办事时，如果贸然前行很可能会无功而返，寻找对方“身边人”作为突破口是一个很好的途径。

小人物自然比大人物容易接近得多，而地位又比自己重要得多，如此一来，事情就好办多了。有大人物身边人代为说话，一句可抵旁人百句。大凡求人办事的人，都深知领导身边人的重要性。

竭力结交“大人物”的身边人，能为自己的事业发展增砖添瓦。

人生处世感悟

我们应结交那些可以完善自己品德，提高自身修养，丰富自身内涵的人。结交那些快乐的，能够享受生命，安贫乐道的朋友。

——于丹

处世攻略

049 别浪费了身边名人的影响力

苏代替燕国游说齐国，想见齐宣王，但齐宣王不愿见他。苏代听说齐宣王喜欢文学游说之士，而名士淳于髡被齐王视为座上客，于是苏代找到淳于髡，对他说："有个卖骏马的人，在市场上待了三天也无人问津。他就找到伯乐说：我有匹骏马想卖掉，可在市场上待了三天，也没人跟我说一句话。希望先生能绕着我的马细看一下，离开时回头再瞅一眼，我给您一天的费用。伯乐答应了。第二天伯乐绕着马仔细看了几圈，离开时又回头瞅了一眼，结果马的价钱涨了十倍。现在我想把'骏马'送给齐王看，可是没有替我前后周旋的人，先生有意做我的伯乐吗？我献上白璧一双，黄金千镒，作为您的酬金。"淳于髡愉快地答应了苏代的请求，入宫劝说齐王，齐王高高兴兴地接见了苏代。

伯乐围着马转了几圈后，马的价格就翻了十倍，可见权威人士所起的作用之大，远远超出人们的预料。这种借助他人的声威来提高自己地位或使自己获益的方式，实在聪明。

利用大众对名人的推崇心理制造商机，在现代服装界尤为显著。利用名人效应，选择对品牌目标顾客影响较大的明星形象做广告，效果更佳。选择一个大众接受力强、口碑好、声誉佳的品牌代言人，会为品牌的传播和发展起到如虎添翼的作用。

伦敦有一位珠宝店，开业以来经营状况不佳，濒临倒闭，老板冥思苦想挽救的方法。当时戴安娜与查尔斯王子刚举行完婚礼，仪态万方的戴安娜王妃是英国国民的偶像。如果戴安娜王妃能光临本店，必然能吸引大量人气，使濒临倒闭的珠宝店摆脱危机。于是，他煞费苦心地找到了一位酷似戴安娜王妃的模特儿，对她的服饰、发型、神态、气质各方面作了一番模仿训练。

一天晚上，这家珠宝店灯火辉煌，老板衣冠楚楚地站在店门口，似乎是在恭候要人光临。此举顿时吸引了不少过往行人，他们驻足观望。不一会儿，一辆高级轿车来到珠宝店，“戴安娜王妃”从车上走下，向行人点头致意。听到消息的电视台记者，也匆忙赶来报道。

珠宝店老板亲自向“王妃”介绍商店的各种贵重珠宝首饰。“戴安娜王妃”面露赞许之色，满意地挑选了几件。

第二天，电视台便播放了这段新闻录像，应老板的要求，录像被拍成“默片”，自始至终没有一句解说词。录像播出后，人们纷纷来到这家珠宝店购买珠宝首饰，经营不佳的珠宝店一下子生意兴隆起来。

名人本来就有一定的社会影响力和号召力，利用名人做宣传更是一种双赢的选择。人们普遍存在着的一种心理现象，就是“随大流”，表现最突出的莫过于盲目趋时和效仿名人。利用人们的这种心理，就可以大打“名人牌”。

而在日常生活中，名人因其有较高的知名度，所以在不同程度上对社会生活具有一定影响力，如果你认识一些具有影响力的名人，又善于利用他们的影响力，那你不但能轻而易举地认识更多你想认识的人，而且能更轻松地得到他们的认可，进而达到你的目的。

人生处世感悟

选择一个朋友，就是选择一种生活方式。自己修身养性是交到好朋友的前提，等于给自己打开了最友善的世界，能够让自己的人生具有光彩。

——于丹

处世攻略

050 厚下脸面，把死磨硬泡的功夫做到家

软磨硬泡，有些死皮赖脸的味道。然而究其实质，它与耍赖皮、无理取闹有着根本上的不同。它立足于韧性与耐心，着眼于感化对方，所谓“精诚所至，金石为开”。

宋朝初年，在宰相职位上的人，大多过分谨慎拘于小节，按常规办事，不多言语，而赵普却刚毅果断，没有谁能和他相比。

有一次，赵普向宋太祖推荐一位官吏，太祖没有允诺。赵普没有灰心，第二天上朝又向太祖提起这件事情，太祖还是没有答应。

赵普仍不死心，第三天又提出来。太祖这次发怒了，将奏折当场撕碎扔在地上。

赵普脸色不变，默默无言地将那些撕碎的纸片一一拾起，回家后再仔细粘好。第四天上朝，他将粘好的奏折举过头顶立在太祖面前不动。

太祖为其所感动，终于任用了那个人。

赵普不达目的誓不罢休，他的这种举动对宋太祖产生了心理威胁，宋太祖为了避免这种纠缠，答应了赵普的要求。可见，面对顽固的对手，不达目的誓不罢休是一种有力的武器。

求人办事时，我们总是想尽快解决问题，可实际上，往往难以如愿。显然，被动等待是不行的，还须一次又一次地向对方催问。这时就要求得有良好的心理素质，要做到遇硬不怕，逢险不惊，采取不软不硬的方法，反复催问，不达目的誓不罢休。即不怕对方不高兴，在保证对方不发怒

的前提下，让对方在无可奈何中答应你的要求。

1946年，土光敏夫（后来担任东芝公司的总经理）成为一家小公司的总经理。当时，“二战”刚结束，日本国力空虚，百姓生计窘迫，企业的发展更是困难重重，其中最大的困难就是资金不足。像土光敏夫就职的小公司，没什么名气，也没有什么背景，想从银行获得贷款简直太难了。

土光敏夫担任总经理不久，因资金缺乏，面临停产的局面。为了筹措资金，他不得不频繁地拜访银行。

无论做任何事，只要有恒心，有毅力，抱着锲而不舍、不达目的誓不罢休的精神，专心致志地去做，就没有不成功。

一天，土光敏夫拿着盒饭来到银行，与负责人长谷种重川郎商议贷款事项。土光敏夫一开始就摆出了不达目的誓不罢休的气势，长谷种重川郎深表同情，但表示爱莫能助。双方你来我往，谈了半天也没谈出结果来。

时间过得飞快，疲倦的长谷种重川郎想要溜走，这时土光敏夫拿出了带来的盒饭，说："让我们边吃边谈吧，谈到天亮也行。"硬是不让长谷种重川郎离开。长谷种重川郎只好服输，贷给了他希望的款项。

好事多磨，想成就好事，就得耐下心来慢慢磨。土光敏夫多次拜访银行，不因困难而中途退却，最后一次摆出了不达目的誓不罢休的决心，终于如愿以偿地获得了贷款。

在人际交往中，我们要克服害羞和自卑，脸皮不能太薄，要在交际中主动出击。然而光有蛮心也不行，你得表明自己不达目的誓不罢休的决心，软磨硬泡只能是手段，要成功，还得用真诚感动对方。换句话说，就是要设法软化对象，要注重分寸，绝不能让人家不耐烦。如果不分对象、不顾自身条件一味纠缠，既消极地耗费了时间，又让对方产生厌烦情绪。

总之，在做事的过程中，一定要具备克服一切困难的毅力与决心，要有锲而不舍、不达目的誓不罢休的顽强精神，能有技巧、有谋略地对人施以软磨硬泡，才能摘到胜利的果实。

人生处世感悟

今天在竞争激烈的世界中，你付出多一点，便可赢得多一点。好像奥运会一样，如果跑短赛，虽然是跑第一的那个赢了，但比第二、第三的只胜出少许，只要快一点，便是赢。

——李嘉诚

处世攻略

051 让别人得意，让自己满意

在人际交往的过程中，人们都具有一定的目的性，为了达到自己的目的才与人打交道。一提到目的，就少不了利害关系。所谓的“人不为己，天诛地灭”，是极端自私自利的价值观，在人际交往的过程中不可能屡试不爽。

小明王是在元末最早拉起造反大旗的韩山童的儿子韩林儿。刘福通的红巾军在韩山童死后，谎称韩林儿为宋宗室的后裔，拥其在亳州称帝，又称小明王。以小明王为号召的红巾军一度声势极盛，几乎所有造反武装都自称隶属于红巾军系列。

小明王为宋宗室后裔的名声传播已久，在人们不满元朝统治的情况下，颇具凝聚人心的妙用。

由于非常清楚小明王对自己的作用，当张士诚的部队围困小明王所居的安丰时，朱元璋力排众议，亲自率兵援救安丰，挽救了小明王。他把小明王迎到滁州，在滁州给小明王建造了巍峨的宫殿，安排了威武的銮驾仪仗、精美的食物和华丽的服饰，让小明王非常满意。

而朱元璋自己“挟天子以令诸侯”，充分利用小明王影响，争取人心，壮大力量，最后坐稳了江山。

朱元璋救了小明王的命，又给安排了豪华的生活环境，让小明王感恩戴德。而他自己在得到小明王好感与支持的同时，充分利用小明王的影响，达到自己的目的。

一次，曾国藩用完晚饭后与几位幕僚闲谈，评论当今英雄。他说："彭玉麟、李鸿章都是大才，为我所不及。我可自许者，只是生平不好谀耳。"一个幕僚说："各有所长：彭公威猛，人不敢欺；李公精敏，人不能欺。"说到这里，他说不下去了。曾国藩又问："你们以为我怎样？"众人皆低头沉思。

忽然走出一个管抄写的后生过来插话道："曾师是仁德，人不忍欺。"众人听了齐拍手。曾国藩十分得意地说："不敢当，不敢当。"后生告退而去。曾国藩问："此是何人？"幕僚告诉他："此人是扬州人。入过学，家贫，办事还谨慎。"曾国藩听完后说："此人有大才，不可埋没。"不久，曾国藩升任两江总督，就派这位后生去扬州任盐运使。

后生一句恰到好处的话，投合了曾国藩自以为"仁德"这一点，让曾国藩在众人面前非常得意，而这位后生也获得了好处，得到了提拔。

在跟人交往的时候，不能只为自己着想，也要考虑对方的利益。只站在自己的立场上想事，做出的结果多数是不容易被人接受的。我们提倡双赢的观念，在让对方得意的前提下，使自己满意。也就是说，给对方充分的肯定和恰当的好处，然后要求对方帮我们办事就顺理成章、水到渠成了。

应用到商界，就是要把自己的成功建立在别人成功的基础上。对于事业上可能的朋友要尽量支持，朋友成功自己也能得到好处，自己要成功也需要朋友们的成功来推进，大家都成功了，自己也就成功了。

人生处世感悟

你要记住，永远要愉快地多给别人，少从别人那里拿取。

——高尔基

处世攻略

052 声东击西，蒙蔽对方

曾国藩练兵时，每天午饭后总是邀幕僚们下围棋。一天，忽然有一个人向他告密，说某统领要叛变了，告密人就是这个统领的部下。曾国藩听后大怒，立即命令手下将告密者杀了示众。一会儿，被告密要叛变的统领前来谢恩。曾国藩脸色一变，命令左右马上将统领斩首。

幕僚们都糊涂了。曾国藩笑着说："这就不是你们所能明白的了。告密者说的其实是真实，我如果不杀他，这个统领知道自己被告发了，势必会立刻叛变，我杀了告密的人，就把统领骗来了。"

曾国藩大处着眼，杀掉了告密的人，把自己的真实观点掩饰得滴水不漏，从而轻易地控制了想叛变的将领。他如果沉不住气，让自己的观点暴露无遗，就会把事情搞砸。

兵不厌诈，商战中也常存在这种招数。竞争中的声东击西之法，可使对方打乱原有计划，使出新的招数，只是这招数一旦使出，错误就来了，再想撤退就为时已晚了。

20世纪80年代，派克制笔公司的许多竞争对手针对美国市场发生的变化，纷纷调整生产策略，使派克制笔公司在美国的市场相继被占领，销售额大幅度下降，公司连年亏损。为扭转这一局面，派克制笔公司不得不改组领导班子，由市场营销专家彼特森主持工作。

当时的美国制笔业，高端笔市场陷入疲软状态，因此彼特森想为公司开创新的业务增长点。正密切注视彼特森决策动向的克罗斯公司获悉这一信息后，通过一家公共关系信息咨询公司向彼特森提出了“保持高档市场，下大力气开拓低档产品市场”的建议。这正中彼特森下怀。

得知彼特森中了圈套后，克罗斯公司一方面装模作样地召开会议，作出一副要与派克制笔公司争夺低档产品市场的假象，另一方面斥责派克制笔公司出尔反尔，抢占克罗斯公司的低端市场。因为派克笔一向主要是针对高端的市场，而克罗斯笔则针对低端的市场。

克罗斯公司一番逼真的表演，坚定了彼特森的决策信心，紧锣密鼓地开始向低端市场进军。而克罗斯公司则倾尽全力向空虚的高档钢笔市场挺进。结果没过多久，派克制笔公司不仅没有顺利地打下低档笔市场，反而使高档市场的占有率下降到 17%，销量只及克罗斯公司的 50%。

派克制笔公司中了克罗斯公司的声东击西之计，虚空了自己的高档市场，克罗斯公司乘虚而入，抢占了派克制笔公司的高端市场。

声东击西是制造假象，引诱敌人作出错误判断，然后乘机歼敌的策略。声东击西最关键的在于掩饰自己的真实意图和目的，不能让人发现，更不能让人预见。假装瞄准一个目标煞有介事地佯攻一番，其实暗自瞅准别人不留心的靶子，然后伺机施以致命打击。有时似乎不经意间流露出自己的心思，实际上是在制造假象，骗取他人的注意和信赖，目的在于突然发难而出奇制胜。

人生处世感悟

看到别人做不好时，也许会暗爽在心，得到一种“我比他聪明”的优越感。但真正聪明的人，是观察别人为什么做不好，然后警剔自己，尽量不要犯相同的错。那些只爱发出嘘声的人，应该是打算一直在台下当观众，而那些警剔自己的人，则是在准备：有一天要站上舞台。

——蔡康永

第七章——

屈伸

得志则进取，失意宜待时

人的一生，大多是祸福相伴吉凶相随，不会一直好运，也不会一直倒霉。好运面前，无须得意；霉运面前，无须丧气。

生活中有各种各样的事情，或苦或乐，或喜或悲，都没什么大不了。如果我们能时时处处换个角度去看待问题，也许就会给你带来很多意想不到的惊喜呢！

处世攻略

053 知其可为，知其不可为

人生在世，总免不了有追求的欲念，有许多割舍不下的东西，诸如金钱、权力、地位和安逸的生活、优厚的待遇，无不让人心驰神往、孜孜以求。但天道吝啬，天下的好事不会让你一个人占全，任何事物都有其两面性，有无相生祸福相依，有所得必有所失，鱼和熊掌从来难以兼得，所以生活的智者也只能“两弊相衡取其轻，两利相权取其重”。

秦末东阳县有一位名人叫陈婴，他是名门之后，一直乐善好施，深得人民尊敬。

秦末的农民起义风起云涌，随着陈胜、吴广的揭竿而起，东阳县也自发地组织起了反秦的队伍，这群起义的大军要推荐一个首领，他们很自然地选中了当地名人陈婴。

陈婴很欣喜地接受了这个首领的职位，他也想像陈胜吴广一样建功立业。可是陈婴的母亲却站出来反对。她帮陈婴进行了分析，虽然陈家是县里的望族，但却一直没有人做高官，如今名声太大就容易招来祸害，更何况时局动乱，形势不明，这时候称王一定会四面树敌，最后非但成不了王，还可能招致杀身之祸。

后来，陈婴经过反复思量，最后选择了项梁和项羽。项梁是将门之后，侄子项羽有千夫之勇。在陈婴的带领下，东阳的起义军投到了项梁麾下，陈婴也最终卸掉了称王的包袱，这样如果成功了可以得到封赏，不成功也不会招来杀身之祸。

陈婴很聪明，他明白人生有些事情是可以做的，有些事情做不得。如同不是猎人却偏要去追猎猛兽，不仅会白费力气，还可能被猛兽所伤。在人生中，必要的放弃不是失败，是智慧；必要的放弃不是削减，是升华。

有这么一个考上哥伦比亚大学的法律专业的男孩，最终成就了一个计算机领域的传奇。哥伦比亚的法律专业排名位于全美前三位，而且毕业后从事律师职业，那是一个很有前途、很有地位的职业。

可是，他逐渐发现自己一点都不喜欢法律。此时，他接触并喜欢上了计算机，每天疯狂地编程。终于在大学二年级的一天，他放弃此前一年多在法律系已经修完的学分，转入该校默默无闻的计算机系。

要知其可为，更要知其不可为。学会放弃，是人生的一种智慧。

鱼和熊掌不可兼得，必要的放弃不是失败，而是一种人生的成熟，一种生命的智慧。有勇气放弃，才有机会成功。

那时候，计算机还属于新鲜事物，哥伦比亚大学的计算机系也只是刚刚创立，连30个学生都不到。从受人尊敬的律师到一个前途不明的“计算机工作者”，这使他身边所有认识他的人都不理解，都劝他谨慎考虑，但他最后还是毅然决然地办完了那些转换专业的繁杂手续。

他一进入计算机领域，便如鱼得水，整个身心都充满了激情。后来，他又进入卡内基梅隆大学，继续攻读计算机方面的硕士及博士，并获得了计算机专业博士学位。他开发的“语音识别系统”获得了《美国商业周刊》最重要发明奖。他于1998年加盟微软，创立了微软亚洲研究院。2000年他升任微软全球副总裁，是微软高层里职位最高的华人。2006年他又出任Google公司全球副总裁、中国区总裁。 他就是李开复。

勇于放弃也是一种智慧。放弃并不代表一种终结，而是另一种开始。一旦学会了放弃，人生的境地也就豁然开朗。我们后退一步，就有可能跳得更高，就像放弃了浮躁，我们靠近了生命的真实；放弃了安逸，我们赢得了挑战的成功；放弃了物质的迷恋，我们获得精神的富足和心安理得……

人的一生很短，想要得到的东西很多，在无法拥有时，我们必须要善于放弃。这不仅是生活的选择，更是一种人生的成熟，一种生命的智慧。

真正的智者，是在人生当中，不仅要知其可为，更要知其不可为，面对人生的不可为，一定要善于放弃。学会放弃，是人生的一种智慧。

人生处世感悟

每一个人心中都有一个神往的目的地，但我们通常会被生活中这样那样的事情牵绊，不能出发。所以，有勇气放弃许多东西的人，才能最终抵达。

——陈鲁豫

处世攻略

054 固执偏激是为人处世的大忌

“能忍能让真君子，能屈能伸大丈夫”，古往今来，要想成就一番大事业，就必须深谋远虑、高瞻远瞩，懂得蓄势待发的道理。为了自己的长远目标，即便遇到暂时的争端，也能够忍一时之气。

张良原本是韩国贵族之后，有一次在下邳桥下散步，遇到一个举止怪异的老者，这个老人故意将自己的鞋子扔到桥下，并命令张良到桥下为他取鞋。张良正是血气方刚的年纪，自然气不过，但是看到老人年迈，便忍着性子到桥下为他取回了鞋子。可是让张良想不到的是，那老人竟然还命令张良给他穿鞋。

张良想了一想，索性好人做到底，跪在地上帮老人把鞋子穿好。张良的举止得到了老者的欣赏，后来老者赠与张良一本《太公兵法》。张良得到这本奇书后，苦心研读，才干大增，后来成为刘邦的重要谋士，为刘邦屡出奇计，建立了为后人称赞的卓著功勋。

张良本是世家贵族子弟，却被一个素不相识的老人屡次挑衅。如果张良当时没有忍住一时不快，掉头就走，或者同老者争执起来，那么就不会有后来功勋卓著的张良了。

太刚则折，至察无徒。做人应该圆润一些，不用什么事情都必须追究出个对与错、是与非，那些不必要的争端还是不要为妙。“君子以做事谋始”，要想取得大成就，就必须深谋远虑，不斤斤计较，这样才能成就大事业。

当年米开朗基罗刚雕刻完著名的《大卫》雕像，他的好友索德里尼仔细地“品鉴”了这个作品后，站在这座大雕像的正下方说：“米开朗基罗，你的作品有一点缺陷，就是鼻子太大了。”

米开朗基罗知道索德里尼的观察角度不正确。但是他没有争辩，只是让索德里尼随他爬上支架，在雕像鼻子的部位开始轻轻敲打，让手上的石屑一点一点掉下去。表面上看起来他是在修饰，但事实上他根本没有改动鼻子的任何地方。几分钟后，他说：“现在怎么样？”

索德里尼回答：“现在才是最完美了。”

索德里尼是米开朗基罗的赞助人，米开朗基罗冒犯他不会有任何好处，但如果改变鼻子的形状，很可能就毁了这个艺术品。对此，他的解决办法是让索德里尼调整自己的视野，让他靠鼻子更近一点，而不是让他意识到自己的错误。

尽量不与人争辩，而是巧妙地把事情做得妥帖，这才是高手。双方争得面红耳赤，即使最后你胜利了，又有何益？

言不可解渴，更不能充饥。空言是镜中摘花、水中捞月，明智的人是不会这样做的，他们会用实际的行动证明自己的观点，而不会和别人展开唇争舌战。

人生处世感悟

人的一生，总是难免有浮沉。不会永远如旭日东升，也不会永远痛苦潦倒。反复地一浮一沉，对于一个人来说，正是磨练。因此，浮在上面的，不必骄傲；沉在底下的，更用不着悲观。必须以率直、谦虚的态度，乐观进取、向前迈进。

——松下幸之助

处世攻略

055 随时学会变通，不故步自封

“穷则变，变则通，通则久”，成功的人善于因势变通，只有冲破旧的篱笆，才有可能取得成功。很多时候，成功往往就隐藏在“人无你有，人有你变”的地方，假如你善于发现和敢于采用别人不曾用过的办法，善于变通，那么，成功的机会就会向你走来。

相传，中国谋略家的鼻祖吕尚在怀才不遇之际，就是用变通之术，别出新招，引起西伯侯姬昌的注意，才得以成为其臂膀，大展宏图，辅佐周武王兴周灭商。

年轻时的吕尚勤苦好学，有博古通今、经天纬地之才。然而，纣王荒淫无道，吕尚报国无门，他的前半生一直在潦倒中度过。当他听到西伯侯被囚禁朝歌，食子肉而无怨言时，便认定西伯侯胸怀大志，是将来的明主，于是下定决心追随西伯侯，以展平生之鸿鹄大志。在纣王释放西伯侯不久，吕尚悄悄离开朝歌，隐居到周都附近的硒溪。

一天，吕尚得知西伯侯要到渭水之滨的兹泉一带打猎，于是便在那儿设下“据点”垂钓。为了引起西伯侯的注意，吕尚别出心裁地把鱼钩做成直的，而且提离水面三尺以上，钩上也不放鱼饵。果然，西伯侯觉得甚为奇怪，便走上前问个究竟。吕尚的一番高谈阔论，使西伯侯为之折服。西伯侯当即请吕尚“助我匡扶天下，以救万民”。回宫后，西伯侯又拜吕尚为太师。吕尚从此成为辅政重臣。

这就是流传千古的“姜太公钓鱼——愿者上钩”的故事。正是由于姜太公能够想常人之所未想，做常人之所未做，以非同寻常的举动引起了西伯侯的注意，才给自己赢得了成功的机会，使得自己这个“大器”终于“晚成”。

成功往往是属于少数善于变通之人的。放弃盲目的执著，选择理智的改变，就可以化腐朽为神奇了。如果你渴望成功，那么就要试图去变通，或者是改变外界条件，或者是改变自己的思路，总之，我们只有恪守世界上唯一不变的东西——变，才能取得人生的成功。

杨振宁于1945年赴美留学，当时受“物理学的本质是一门实验科学，没有科学实验，就没有科学理论”这一观念的影响，他下定决心要写出一篇实验物理论文。于是，在费米教授的安排下，他跟随有着“美国氢弹之父”之誉的泰勒博士进行实验研究，并成为艾里逊教授的6名研究生之一。

在近20个月的实验室工作中，杨振宁总会成为他所在的实验室里被嘲笑的对象，以至于当时流行了这样一个关于他的笑话：凡是有爆炸的地方，就一定有杨振宁！至此，杨振宁不得不重新审视自己：自己的动手能力比别人差，要想取得成就，必须有所变通！

在泰勒博士的帮助和关怀下，杨振宁经过反复的思考，放弃了写实验物理论文的打算，毅然决然地把主攻方向转变到理论物理研究上，从而踏上了成为物理界一代杰出理论大师之路。

我们可以想象，假如杨振宁一条道走到黑，不知变通，恐怕他至今还是一个默默无闻的或者错误百出的实验工作者。

因循守旧，只能故步自封；灵活应变，才能路路畅通。想当年，朱庇特神庙前，多少人穷其才智，也解不开牛车上的一副绳结，而亚历山大凌空一剑，轻而易举就解决了这个千古难题。正所谓：有变才有通。人生之路上，难免要遭遇各种路障，我们必须随机应变，才能赢得成功。

在外界条件相差无几的时候，大凡能够取得成功的人都是善于变通之人。因为对于善于变通的人来说，生活中从来都不会出现克服不了的困难。规则虽然是约定俗成的，但并不是不可改变的，如果死守着狭隘的经验，一味地遵守规则，是注定要被社会淘汰的。

人生处世感悟

当你觉得人人面目可憎的时候，先去照照镜子，看看自己是不是更不开朗？当你怪这个世界太黑暗的时候，只要在自己的脸上点起一盏灯。

——刘墉

处世攻略

056 欲擒故纵，冷静地等待时机

对于打仗，消灭敌人，夺取地盘，才是最终目的。如果逼得“穷寇”狗急跳墙，垂死挣扎，使得己方付出重大代价，是不可取的。放他一马，不等于放虎归山，目的在于让敌人斗志逐渐懈怠，人力、物力逐渐消耗，最后己方寻找机会，全歼敌军，达到消灭敌人的目的。

蜀汉建立之后，定下北伐大计。当时西南部落酋长孟获率十万大军侵犯蜀国。诸葛亮为了解决北伐的后顾之忧，决定亲自率兵平定孟获。蜀军主力到达泸水(今金沙江)附近，诱敌出战，事先在山谷中埋下伏兵，孟获被诱入伏击圈内，兵败被擒。但是诸葛亮考虑到孟获在西南部落中威望很高，影响很大，如果让他心悦诚服，主动请降，就能使南方各部落真正稳定。诸葛亮决定对孟获采取“攻心”战，断然释放孟获。

孟获表示下次定能击败蜀军，诸葛亮笑而不答。孟获回营，拖走所有船只，据守泸水南岸，阻止蜀军渡河。诸葛亮乘敌不备，从敌人不设防的下游偷渡过河，并袭击了孟获的粮仓。孟获暴怒，要严惩手下将士，这激起将士的反抗。于是他们相约投降，并趁孟获不备，将孟获绑赴蜀营。诸葛亮见孟获仍不服，再次释放。以后孟获又施了许多计策，都被诸葛亮识破。最后一次，诸葛亮火烧孟获的藤甲兵，第七次生擒孟获，终于感动了孟获。他真诚地感谢诸葛亮七次不杀之恩，誓不再反。从此，蜀国西南安定，诸葛亮才得以举兵北伐。

诸葛亮的七擒七纵，不是软弱无能，不是感情用事，他的最终目的是在政治上利用孟获的影响，稳住南方，在地盘上乘机扩大疆土。在军事谋略上，有“变”、“常”二字。诸葛亮审时度势，采用攻心之计，七擒七纵，主动权操在自己的手上，最后终于达到目的。

“欲擒故纵”反映在生活中，就是不要墨守成规，要把握生活中的主动权。兵战中，最高境界乃是兵不血刃，若想做到这点，必先了解敌人的最弱处，才能一击即中。

1973年，佐藤泰雄受日本富士通公司的委托，到中东地区去开拓空调器市场，当时中东的空调器市场全部被美国货所垄断。佐藤到中东后发现，中东地区的酷热使人们都争相购买空调器，但含盐分极高的、潮湿的海风及从沙漠吹来的尘土，很容易使空调器生锈、堵塞，因此，本来可以用十几年的空调器，在那里不过几年就不能用了。

于是佐藤暗地里让富士通公司的技术人员对原产品进行了技术改造，使之能适应当时中东地区特殊的气候环境，不但要使新产品提高抗腐蚀性能，而且还要提高防堵塞性能。所以，日本生产的针对中东地区的新产品一投放市场，就立即受到了人们的青睐，而美国人也只好带着他们还没有来得及卖完的货品灰溜溜地走了……

“欲擒先纵”出自兵家智谋，其机理是“欲抑之，必先张之；欲擒之，必先纵之”。往往是指在对方强我方弱的前提下，要想赢得胜利，比对方多一个“纵”敌的心眼，也就是比对方多一个制敌的战术理念。“纵”就是暂时先满足对方，故意露出破绽，骄其志气，在对方忘乎所以之际，出其不意地出兵，巧取其利。

人生处世感悟

面对比自己强的人，要厚着脸皮笑里藏刀，机会来了打倒他让他永无翻身之日。

——李宗吾

处世攻略

057 切勿“得理不饶人，无礼搅三分”

“泰山不让土壤，故能成其大；河海不择细流，故能成其深。”人们要成功，必然需要他人的协助，甚至是来自于对手的威胁。对待敌人或对手也能宽容，不仅是一种“海量”，更是一种修养促成的智慧。懂得这种道理的人，才能成为真正的大丈夫。

赤壁一战，曹军大败，曹操领着溃不成军的残兵败将狼狈不堪地向华容道逃去。

当时正值隆冬时节，曹操和他的士兵已是人困马乏，个个苦不堪言。在华容道上走了一段时间，曹操突然大笑起来，得意地说：“人人都说周瑜、诸葛亮足智多谋，可我看他们也是一些无能之辈。如果他们真的有谋略，就应该在这里设下埋伏，这样我们插翅也难逃！”

谁知话音刚落，在华容道两旁响起了震耳的呐喊声，关羽率领着大批队伍拦住了曹操的去路。曹操立即意识到自己的处境，他明白这次是无论如何也闯不过去了，于是便开口求情，希望关羽能够网开一面，放他一马。关羽很犹豫，因为他是奉军令行事，不敢私自放走曹操。可是曹操当年对自己有恩，他又看到曹军人心惶惶，一个个都满脸悲苦，心中更加不忍。于是，他命令军队散开，将曹操放走了。

关羽此举看起来过于优柔寡断，似乎是养虎为患。在战场中，向来是主张“斩草除根”的，但正是关羽此举，刘、曹、孙互相牵制。曹操虽败，却有力地牵制了东吴，三方军队都不敢轻举妄动，谁也无法消灭谁，也无法被消灭，最终形成了三分天下的安定局面。

关羽放走曹操，不仅成就了大丈夫的美名，更为刘备的三分天下奠定了基础。

给对手留条退路，不仅是对对手的一种尊重和宽容，更重要的而是给自己留下一条退路。睚眦必报，不仅伤害别人，还会伤害自己。宽容和尊重对手，在保全对手的同时，也可以成全自己。

曾有这么一个恶性事件：一位亡命之徒为了向企业索要钱财，竟在娃哈哈果奶中投毒，导致两名小学生性命垂危，而国内一家报纸在未对事实进行核实的情况下擅自刊出了中毒新闻，一时间有五六家媒体进行了转载。

恶性事件发生时，娃哈哈董事长宗庆后正在国外考察，当他得知这一情况后，当即打了两个电话：一个打给宣传部门，希望制止这一极易形成模仿效应的新闻继续传播；另一个打给了竞争对手乐百氏的董事长何伯权。何伯权当即在第一时间通知全国的营销公司，严令不得传播、转载这一新闻。而彼时，一些小的果奶企业却以为天赐良机，纷纷把刊发中毒新闻的报纸广为散发，或传真给有关的经销商。

事后，有记者问何伯权，你为什么不抓住这一“机会”打击一下娃哈哈？何伯权说：“这种恶性事件的扩散是对整个果奶市场的伤害，乐百氏如果借机贸然出手，其结果是往自己的脸上打重拳。”

一个平稳而健康的市场一定有让人敬仰的企业家。因为他们都有健康的对手观，喜欢鸣鼓而战，不好使小阴谋，对一些不入流的阴招、损招更是不屑一顾。娃哈哈董事长宗庆后与乐百氏前董事长何伯权就是这样的大家。

有竞争就有对手，有对手总要分高下。只要能以平常心来对待一时一事的高低之分，把目光投得更远一些，就会从对竞争对手的敌对心理中走出，把对手当做前进路上互相帮助、共同提高的战友，怀一分感激，多一分尊重。从某种意义上说，善待对手，给对手留条退路，更多的是成就自己。

健康的对手为整个市场的有序、持久发展恪守着各自的责任；健康的对手会促进彼此的进步与成长；健康的对手会在市场培育上和你共同分担重任。

善待对手，就是善待自己；善待对手，就是给自己机会；善待对手，就赢得了一半的成功。

人生处世感悟

你可以用爱得到全世界，你也可以用恨失去全世界。

——李嘉诚

处世攻略 058 得意忘形难免招来明枪暗箭

弘一大师曾经说过："气忌盛，心忌满，才忌露。"古往今来，越是做得大成就的人，越是能够从内心中发出一种平和与朴实的谦逊。自鸣得意、得意忘形的人往往会被麻痹了视听，即便危险已经降临，也不知道危险的存在。长久下去，"乐极"的结果只能是"生悲"。

秦始皇病死的时候，只有李斯和赵高两人知道。这两人因为和秦始皇的二儿子胡亥比较亲近，便假传"圣旨"，命令本该继承皇位的长子扶苏自杀，由次子胡亥即位，即后来的秦二世。

胡亥没有什么才能，他十分信任赵高，赵高从此在朝中为所欲为，翻云覆雨。阴谋害死了李斯之后，赵高越来越不可一世，这让胡亥看在眼里也有些不满了。这时候秦朝的农民起义风起云涌，怠于正事的胡亥打算除掉长期专权的赵高，可赵高得了风声以后，决定先下手为强，他利用自己掌握的宫内外大权，迫使胡亥自杀。赵高可能知道自己罪大恶极，不敢自立为皇帝，便打算立秦王子婴为皇帝。

秦王子婴不像胡亥那么软弱，他对赵高的险恶用心看得十分清楚，经过一番周密的计划，终于杀死了赵高，结束了赵高罪恶滔天的一生。

赵高权倾朝野，也算聪明能干。倘若他能一心为政，谨慎行事，很可能会成为一位不错的人才。可是他偏偏自鸣得意，得意忘形，最终乐极生悲，从富贵的顶端跌入了死亡的深渊。

一个人必须时刻保持清醒的头脑，正确看待自己。要以谦逊的心态来为人处世，不论是顺境还是逆境，都要明白自己的位置，使自己免于狂妄与骄横，这不仅仅是一种美德，更是一种美好的生活态度。

有一位哲学家，自认为才学渊博，无所不知，无所不能。

一次他乘船出海，一路上都很烦躁，无聊地在船上走来走去。他与船夫聊天，聊了一会儿，便觉得更无聊和无趣了。因为在他眼里，这个船夫实在是太无知了，什么都不懂，就是文盲一个。他挑衅地问船夫："你知道什么是哲学吗？"船夫说："不知道。"哲学家很惋惜地说："你的人生太遗憾了，哲学是人世间最美妙的事物，不懂得哲学，你至少失去了一半的生命。"接着，他又故意问道："那数学你懂吗？"船夫说："不懂。"哲学家遗憾地说道："你连数学都不懂，这意味着你失去了百分之九十的生命。"船夫听出了哲学家的揶揄和讽刺，便懒得再理他了。

真正的开水是不响的，正如真正充实的人不会轻易去卖弄自己的学识，真正优秀的人不会随意展现自己的出色。只有浅尝辄止、得意忘形的人，才会到处去张扬卖弄。

接下来两人谁也不理谁。船夫划着他的船，哲学家思考着他的问题，两人相安无事。忽然海面上刮起了大风，小船在海浪里剧烈地摇晃着。一个巨浪把船打翻了，哲学家和船夫同时掉进了水里。看着哲学家在水中胡乱挣扎，船夫想到他肯定不会游泳，于是问道："渊博的哲学家，你会游泳吗？"

哲学家恐惧地嚷道："我不会啊！因为哲学和数学里没有教我游泳啊！"

船夫说："你连游泳也不会，这意味着你失去了百分之百的生命！"

在社会中，每个人都有自己的角色，没有人是万能和十全十美的。不要骄傲自满，不要得意忘形，没有人的生命是卑微的。尊重他人就是尊重自己。珍惜身边的每一个朋友，即便他在你看来一无所有，但他总有属于自己的与众不同的一点，也就是这点在你看来微不足道的东西，也许在关键时刻，却能救了一个人的命。

一个人聪明能干是好事，取得成就也是好事。但是因为自己的出众而处处自我炫耀，则必然会招致别人的反感，吃大亏而不自知。真正聪明的人善于隐匿，深知"夹起尾巴好做人"的道理。

生活中无数事实也说明，一个人在社会上，如果不合时宜过分张扬卖弄，得意忘形，那么不管多么聪明，都难免会遭到明枪暗箭的打击，最后聪明反被聪明误。

人生处世感悟

低调做人，往往是赢取对手资助、最后不断走向强盛、伸展势力再反过来使对手屈服的一条有用的妙计。

——佚名

处世攻略

059 千万别闭着眼睛往前冲

在做一些重大决定或者具有危险性的事情之前，一定要考察现状、分析事态，更要讲究措施，预计可能发生的后果。所谓“凡事尽从忙中错”，做事情不考察现状，不预计后果，可能会招来祸患。

一次，楚军与晋军在鄢陵交战，双方激战得不相上下，一连相持了几天。不幸的是，激战中楚恭王身负重伤，只得鸣金收兵退回营中。

楚恭王有一位大将叫司马子反，骁勇善战，他在前线打得又累又渴，一回到营中便嚷着要水喝。司马子反有一个忠心耿耿的仆人叫阳谷，他见主人打仗如此辛苦，很是心疼，便搬来一坛酒给子反喝。司马子反向来嗜酒如命，拿起酒杯就喝个没完，一直喝得醉倒在床上。

休战了半日，楚恭王准备重新开战，便叫人去叫司马子反出战。可子反醉成一滩泥了，哪里还能起床打仗。阳谷只好骗来人说子反胸口疼，出不了战。楚恭王听说自己的心爱大将病了，十分着急，亲自到帐中探望，可刚到帐中就闻到一股浓烈的酒味。楚恭王暴跳如雷，气得捶胸顿足，对子反嗜酒如命、置国家利益于不顾的行为十分愤怒。现在在大将醉倒、自己又身负重伤的情况下，只能命令撤军回朝。

回朝后，楚恭王按照军法要将子反斩首示众。阳谷希望自己能替子反顶罪，可楚恭王执意要杀掉子反以戒后人。阳谷后悔得不知所措，从此离开楚国。

阳谷对主人忠诚本没有错，但是他不顾场合，不考虑后果，在战争

处世攻略

060 做人要有自知之明，凡事要量力而行

做人要有自知之明，遇事要量力而行，要看是自己能力范围之内的事，还是自己能力范围之外的事。同时要了解自己的长短、优缺，清楚自己的实力，实事求是，给自己一个清醒的定位，不要过高地估量自己、拔高自己。

战国时期，秦国军队和赵国军队在上党地区对峙。赵军主将廉颇坚守阵地，叫兵士们修筑堡垒，深挖壕沟，跟远来的秦军对峙，准备作长期抵抗的打算。秦将王龁几次三番向赵军挑战，廉颇说什么也不跟他们交战。王龁想不出什么法子，只好派人回国跟秦王诉苦。

秦国宰相范雎说："要打败赵国，必须先叫赵国把廉颇调回去。这我有办法。"

过了几天，赵王听到左右纷纷议论，说："秦国就是怕让年富力强的赵括带兵，廉颇不中用，眼看就快投降啦！"赵王听信了左右的议论，立刻把赵括找来，去接替廉颇。

秦王得知赵括替换廉颇的消息，就秘密派白起为上将军，去指挥秦军。白起一到长平，布置好埋伏，故意打了几阵败仗。赵括不知是计，拼命追赶。白起把赵军引到预先埋伏好的地区，派出精兵二万五千人，切断赵军的后路；另派五千骑兵，直冲赵军大营，把四十万赵军切成两段。赵括这才知道秦军的厉害，只好筑起营垒坚守，等待救兵。秦国又发兵把赵国救兵和运粮的道路切断了。

赵括带兵想冲出重围，秦军万箭齐发，把赵括射死了。赵军听到主将被杀，纷纷扔了武器投降。四十万赵军，就在纸上谈兵的主帅赵括手里全部覆没了。

赵括没有自知自明，不了解自己和周围的环境，误把纸上谈兵当做实战经验，结果导致赵军主力40万人被杀，赵国从此一蹶不振。

一位登山队员，参加攀登珠穆朗玛峰活动时，因为体力不支，在登到8000米高度时，便停了下来。后来他向人讲起这件事，人们都替他惋惜，为什么不坚持下去？为什么不再攀高一点？为什么不咬紧牙关？他自信而执著地说："不。我自己最清楚，8000米是我攀登的最高点，我一点也不遗憾。"

这个运动员很明智，知道自己的极限之处，果断收手，不拿生命开玩笑，他的自知之明和急流勇退的精神值得称赞。

有的人大学毕业后，想选一个较好的职业，这无可厚非，但是要有自知之明，要针对自己的专业和特长而选，因为现实中有很多大学生因理想远大而继续失业，还有很多大学生因专业选择不当，在现有的工作岗位不能发挥自己的特长而万分痛苦。

做人要有自知之明，遇事要量力而行。要了解自己的长短、优缺，清楚自己的实力，实事求是，给自己一个清醒的定位。歌德说："只有具备真才实学，既了解自己的力量，又善于适当而谨慎地使用自己力量的人，才能在世俗事物中获得成功。"要敢于承认自己的不足之处，不要凡事逞能。量力而行地说"不"，对己对人都是一种负责。

人生处世感悟

不要把自己太当回事，才不会产生自满心理，才能不断地充实、完善自己，缔造完美人生。

——佚名

第八章——

装傻

该糊涂时一定要糊涂

学会适时的糊涂，是一种真聪明；明白难得糊涂的道理，恰恰是人生的智慧。不会糊涂的人，只有小才小智，不能成大事。

糊涂学，不但是一种处世的技巧，更是一种处世的态度。不必要知道的事情，可以不知道；没必要较真的事情，不必太在意。胸襟广阔，气度雍容，拥有这样的人生态度，才能活得潇洒。

处世攻略

061 吃亏是福，难得糊涂

郑板桥先生有句名言："吃亏是福，难得糊涂。"懂得在小处吃亏的道理，明白糊涂的妙处，不去事事争执，才能让自己有更多成功的机会。

清朝乾隆年间，郑板桥在潍县（现山东潍坊）任知县时，其堂弟为了盖房子与邻居争地，彼此互不退让，以致各自都要向前修围墙，闹到要打官司的地步。弟弟修书给郑板桥，希望他给老家江苏兴化的知县寄一封信，帮忙打赢官司。不料郑板桥看完信后，立即赋诗回书："千里捎书为一墙，让他三尺又何妨。万里长城今犹在，不见当年秦始皇。"稍后，他又写下"难得糊涂"、"吃亏是福"两幅字。堂弟收信一看，猛然醒悟，索性主动让出三尺距离，邻居得悉后，非常感动，也客气地让三尺。原地于是空出一条六尺宽的巷道，此事也成为一方佳话。

郑板桥是聪明人，却深知"糊涂"的妙处。在郑板桥看来，争名夺利，争胜好强，到头来又如何呢？还是糊涂一些好，万事都作糊涂观，无所谓失，无所谓得，心灵也就安宁了。这才有著名的"难得糊涂"条幅。聪明难，糊涂难，由聪明而转入糊涂更难，放一着，退一步，当下心安，非图后来福报也。也正是因为有了这样的心态，郑板桥不在日常琐事中斤斤计较，不在官场是非中迷失自我，在书画和文学中取得了巨大的艺术成就，作为"扬州八怪"的主要代表，诗、书、画世称"三绝"，成为历史上的杰出名人。

事实上，没有永远吃亏的人。懂得在小处吃亏的人，才是真正聪明的人，才能有更大的收获。难得糊涂不是糊里糊涂过一辈子，吃亏并不是无止境的，吃亏只是对自己一些小小的损失心知肚明，但不去争执。糊涂既可以化解僵持的局面，又能给自己带来好人缘，从而让自己有更多成功的机会。

美国幽默大师威尔·罗杰斯曾经继承了一个很大的牧场。在一个寒冷的冬天，牧场中的牛总是被偷走，还有一头牛闯进附近农民的田地里偷吃玉米，被闻讯赶来的农民当场杀死。罗杰斯非常生气，于是带着管家去农民家理论，寻求赔偿。

那年冬天特别冷，他们乘着马车，在冰天雪地中几乎要冻僵了，才到达农民的家里——一座很不起眼的小木屋。这家人十分穷苦，还有几个瘦弱的孩子。农民的妻子见邻居来访，热情招待他们进屋取暖，农民还热情邀请他们共进晚餐。罗杰斯看到此情此景，决定不再谈杀牛的事情，而是愉快地与这家人谈天说地。事后，罗杰斯才了解到，这个冬天

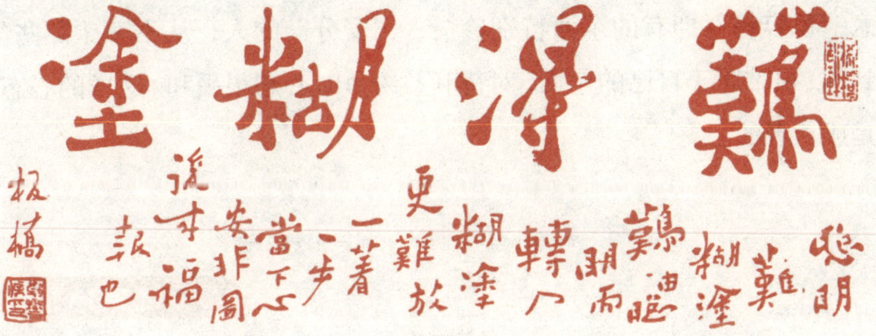

难得糊涂是一种经历，只有饱经风霜、人生坎坷的人才能深得真谛。难得糊涂是一种气度，能使人超凡脱俗、胸襟坦荡、气宇轩昂。

的紧急关头却犯下大错，终于使主人招来杀身之祸。

从古至今，有很多名人志士教育后人一定要“三思而后行”，这是中华民族几千年流传下来的成功做人的经验。

2008年8月的一个深夜，繁华热闹的浙江温州市区大南路上，一辆宝马越野车从国际大酒店门口飞驰而来，它撞坏了一辆正常行驶的出租车后，又直向路边行走的一个人冲去，车子顶着行人直接冲进了旁边的招商银行，行人当场气绝身亡，惨不忍睹。

据警方调查，肇事者夏某和受害者谢某是两位年轻人，此前并不认识，就是因为琐事发生口角，在酒店门前扭打起来，当时夏某处于下风。出于报复，夏某打开宝马车门，拿出一把刀准备砍向对方。谢某迅速躲过，而夏某一时冲动，怒从心起，竟然跳上汽车，以宝马越野车作为杀人工具，加足马力，实施了灭谢的罪恶行为……

30岁的年龄，正是人生风华正茂、大有作为的最佳时期，然而两个年轻人却因为一次冲动的行为，一个等待的是牢狱之灾，一个人永远失去了生命，真是可悲可叹！

在社会上与人交往，磕磕碰碰、发生口角甚至动手动脚，那是常见的事。问题在于遇到这种情况时要严以律己，心胸豁达，在一些小事上多忍多让，多以宽容之心处理这些琐事。不要斤斤计较，不要冲动，任何时候都要学会冷静和自制，以免造成永远的悔恨。

人生处世感悟

当你取得成绩时，你要感谢他人、与人分享、为人谦卑，这正好让他人吃下了一颗定心丸。如果你习惯了恃才傲物，看不起别人，那么总有一天你会独吞苦果！请记住：恃才傲物是做人一大忌。

——佚名

恰逢寒流来袭，农民穷困交加，一怒之下杀了偷吃庄稼的牛。罗杰斯决定“装糊涂”，不再追究此事，而是加强牧场的管理。附近的农民知道此事后，对罗杰斯十分佩服，有了附近农民的配合与帮助，牧场再也没有发生偷牛的事故。

罗杰斯并没有白白失去一头牛。他不计较邻居的无心之过，暂时吃了亏，却得到了更重要的东西——邻居的尊重和帮助。有了邻居的帮助，偌大的牧场才能保证安全。如果罗杰斯为了这件小事斤斤计较，非要这个贫苦的农民赔偿损失不可，周围的邻居就会对罗杰斯产生厌恶之情，牧场的管理就更难了。

郑板桥先生的名言“吃亏是福，难得糊涂”，这是很多人都知道的，很多人还把这幅字高悬于厅堂之上。细细想来，实际上，又有几个人肯吃亏，又有几个人真的愿意糊涂呢?

成大事者，不会是小气的人，不会是斤斤计较的人，而是大度与豪爽的人。“吃亏是福”意味着两种心态：一是“知足”，一是“安分”。“知足”的人，不会计较谁的面子更值钱，即使把自己的位置放低，也没什么不满意，很容易对拥有的东西特别珍惜；“安分”的人，从不奢望那些争不到的、很难属于自己的东西，对待利益纷争时心态很平和。这样的心态，就是成功者的心态。

人生处世感悟

我们都是空手来到世间，将得与失要看轻一些，心灵上不要装有太多俗世的东西，否则，难以行远路！

——刘墉

处世攻略

062 对别人过于抠门，就是跟自己过不去

与人方便，自己方便。在适当的时候，原谅别人的无心之过，给对方留下退路，也是为自己留下余地，糊涂之时，却蕴藏着日后更大的成功机会。

楚庄王是中国历史上一位很了不起的君主，也是春秋五霸之一。公元前606年，楚庄王剿灭叛党，在郢都开了一个庆功的宴会，名为“太平宴”。君臣兴致很高，从白天一直喝到晚上。楚庄王最宠爱的许姬奉命为群臣斟酒。烛光下，美丽的许姬轻歌曼舞，摇曳生姿。突然，一阵风刮过大厅，吹灭了蜡烛，大厅一片漆黑。这时一个人趁机拉住许姬的袖子，去捏她的手。许姬顺手把那人帽缨摘了下来，快步来到楚庄王面前，悄悄禀告了楚庄王，请他抓住调戏自己的人。楚庄王略一思索，却命令道：“今日是寡人的庆功大宴，群贤齐聚，大家索性把帽缨摘下来，来个绝缨之宴。”在座官员把帽子摘下后，楚庄王才命令点烛。于是，众人都不知道调戏许姬的人是谁。几年后，楚郑大战，楚庄王被郑国的伏兵围困，危急时刻，楚军的副将唐狡单人匹马冲入重围，舍命救出楚庄王。楚庄王重赏唐狡，唐狡辞谢说：“绝缨会上，蒙大王不杀之恩，今日舍身相报。”

楚庄王请百官来喝酒庆祝，偶尔有人酒醉出现狂态，本不足为奇。楚庄王如果当场把唐狡查出来，确实易如反掌，显示了自己的威严，却会让群臣不欢而散，显得楚庄王胸怀和度量太小，那以后谁还会为他拼死效劳呢？不如装糊涂，原谅这个人的过失，在众人面前掩盖这件事，

既保全唐狡的颜面，也给双方留下余地，这才有唐狡日后的拼死效忠。正是这样的心态，帮助楚庄王成就了一代霸业。

俗话说："金无足赤，人无完人。"任何人都存在着缺点和不足，如果求全责备，那就没有人才可用了。相反，给别人留下余地，别人就会心存感激，成为你忠心的帮手。如果楚庄王因唐狡的小过而杀了他，楚国的关键战役就可能失败，自己也会被敌军俘虏。

香港超级富豪李嘉诚22岁时开始自立门户做生意，起初是做塑料制品生意的。当时在李嘉诚的客户中，有个美籍犹太人马素，定购了一批塑胶产品，打算运到美国销售。货物装船付运后，马素来电通知，说美国买家因财政问题无法收货，只好取消订单。马素愿意按照合同，赔偿李嘉诚的损失。李嘉诚分析了市场行情，认为这批产品很有市场，不愁买家，因此没有要求赔偿。他对马素说："日后若有其他生意，我们还可以建立更好的关系。"马素深感这位年轻的创业者是一位完全值得信任的生意伙伴，是个可做大事的人，有机会就向美国的商业伙伴推销李嘉诚的产品。不久，美国的订单源源不断，许多人成为了李嘉诚的永久客户，李嘉诚的塑料业务得到了长足的发展。

李嘉诚经常向人谈起这段经历。他认为做生意最重要的是诚信。做生意要不怕吃亏，如果对方是无心的过失，自己又损失不大的情况下，可以原谅对方，给双方留下诚信的贸易合作关系。这样看起来一时吃亏，长远来看却能够建立稳固的客户关系，对生意是有利的。

人生处世就是这样，一件看起来是不利的事，往往会变得非常有利。在适当的时候，原谅别人的过失，可以为自己留下余地。一个人要寻求发展，不可能单枪匹马，这就要寻找良好的合作伙伴。有人信奉"人不为己，天诛地灭"、"利字旁边一把刀"，如果被人得罪了，就抓住别人不放，这样的人，怎么可能得到别人的真心合作和帮助呢？

在通往成功的道路上，我们会碰到形形色色的人，遇到各种各样的事，在交往的过程中，难免产生碰撞和误会，这时候，一味相争并不是好办法。必须有一方要作出让步，让另一方有退路，彼此才会达成共识与妥协，表面上看是一场让步，其实何尝不是获取下一轮合作的开始？也许你放弃了小的利益，但获取更大、更长久利益的机会，也正蕴藏其中。因此，一个懂得人情世故、情商高超的人，要比单纯的聪明人，更容易成功。

人生处世感悟

不论你是一个男子还是一个女人，待人温和宽大才配得上人的名称。一个人的真正的英勇果断，决不等于用拳头制止别人发言。

——萨迪

处世攻略

063 化敌为友是与人相处的最高境界

成功者往往具有良好的心理品质，对个人恩怨不放在心上，善于团结与自己意见相左的人，甚至是反对自己的人。

战国时代，廉颇认为自己作为赵国的大将，有攻城略地、扩大疆土的战功，远比文臣蔺相如更有功劳，扬言要当众羞辱蔺相如。蔺相如听说后，并不想与廉颇一争高低，他不但不生气，还假装糊涂，处处避让廉颇，上朝时假称有病不至，回避廉颇。

有一次，蔺相如乘车出门，远远望见廉颇骑马迎面而来，急忙叫手下人把车赶到小巷里避开。蔺相如的门客以为他害怕廉颇，十分气愤。蔺相如解释说："秦王恶如虎狼，我却在朝堂上斥责他，我还会怕廉颇吗？然而，强秦之所以不敢出兵赵国，这是因为我和廉颇同在朝中为官，如果我们内斗，必然两败俱伤，便宜了秦国。我避开廉颇，不计较个人恩怨，是以国家利益为重的缘故。"此事传到了廉颇的耳中，廉颇深受感动，亲自到蔺相如家中负荆请罪。蔺相如以礼相待，从此两人结为刎颈之交，誓同生死。

蔺相如身为著名的政治家，以多谋善辩、胆略过人闻名于世。他曾经不畏强暴，出使秦国，留下了"完璧归赵"、"渑池之会"的佳话。难能可贵的是，蔺相如遇到了个人恩怨，能够毫不计较，宁愿自己装糊涂、被人误解。这样的蔺相如，更显得远见卓识、聪明睿智。

社会是复杂的，一个人在奋斗过程中，难免会和人产生矛盾，发生纠纷，这是再正常不过的事情了。如果对不利于自己的事情都要追本溯源，对伤害过自己的每个人都要睚眦必报，难免给人小肚鸡肠的感觉，朋友只会越来越少，也难以成大事。

1968年，美国总统大选，已经从事律师工作的尼克松重返政坛，参加竞选。尼克松的竞争对手阵营中有一个关键的智囊人物：基辛格。二人作为政治对手，基辛格自然避免不了大肆攻击尼克松。尼克松曾经两度竞选总统失败，担任多年副总统，后来离开政坛，从事律师工作。基辛格对此讽刺道："建议尼克松去做副总统候选人，因为他当副总统的经验很丰富。"但是，最后的结果恰恰是尼克松获得了大选的胜利，当选美国第37任总统。

尼克松是个很有政治头脑的人，他看到基辛格很有政治才能，就尽释前嫌，就好像忘了基辛格对自己的挖苦，两次约见基辛格，亲密交谈，对其委以重任。基辛格也逐渐改变了看法，尤其对尼克松的宽宏大量心怀好感，决定尽心尽力为尼克松工作。

政治上没有永远的敌人，与其斤斤计较，还不如既往不咎，通心合作，这样才能够赢得更多的朋友和支持者，获得更大的利益。尼克松的眼力的确高人一筹，更重要的是，他巧妙装糊涂，笼络曾经的政治对手，把对方对自己的伤害抛诸脑后，成功地化敌为友。

事实证明，忘记个人恩怨的尼克松，获得的回报是丰厚的。基辛格先后任尼克松政府的国家安全事务助理、国务卿等职位，帮助尼克松做了不少工作。更重要的是，消息传开后，各界纷纷赞赏尼克松的眼界和大度，政府工作迅速打开局面。

成功者往往具有良好的心理品质，遇到问题时能以大局为重，对个人恩怨不放在心上，就好像忘记了一样。这种"健忘"，恰恰是豁达大度的表现。这样的人胸怀开阔，能够团结各方面的人才，成就一番事业。

拥有大气量者可成大事，古今中外，概莫能外。做大事者，不但要善于团结志同道合的人，而且要善于团结与自己意见相左的人，甚至是反对自己的人。与别人的纠葛和矛盾，要主动淡化处理，善于遗忘，才能够获得更多的支持者。忘记个人恩怨，时刻以事业为重，以大局为重，更长远地看待事业和人生，才能取得更大的成就。

人生处世感悟

人才取之不尽，用之不竭。你对人好，人家对你好是自然的，世界上任何人都可以成为你的核心人物。

——李嘉诚

处世攻略

064 聪明的“傻子”遍地都是

把小聪明写在脸上给别人看的人，是浅薄的人。把大智慧埋在心底的人，是大智若愚的人。表面糊涂，内心聪明，是一个成功者的状态。

三国时期的杨修，是一个很聪明的人。曹操命令下属修建了一座花园，花园修好后，曹操不置褒贬，只取笔于门上书一“活”字。众人不解，只有杨修猜到了曹操的意图：门内添一活字，就是“阔”字，曹操嫌园子修得太阔了。

还有一次，有人进献给曹操一盒酥，曹操在上面写一“合”字。众人不明白，杨修却说：“主公的意思分明是‘一人一口酥’，大家分吃了吧。”原来这正是曹操的意图。这样的事情屡次发生，久而久之，曹操发现杨修总是能够准确猜到自己的意图，心生妒忌，对杨修的戒心日益加重。

不久后，曹操的军队被刘备围困于斜谷，进退两难，当夜便命令以“鸡肋”为口令。杨修再次猜到曹操的心思，对众人说：“鸡肋，食之无味，弃之可惜。现在我军进不能胜，退恐人笑，看来丞相迟早要退兵了。”众人皆知杨修聪明，于是军心大乱。曹操得知后大怒，把杨修斩首了。

人人都知道杨修聪明，为什么他不但没有受到重用，还会如此短命呢？根本原因就在于，杨修聪明，却总喜欢显露出来，生怕别人不知道。仔细观察杨修的一生就会发现，他的聪明都是小聪明，能够猜透曹操的一言一行，除了能够显示高明，还有什么实际的益处呢？事实上，纵观三国时期，英雄辈出，曹操帐下有郭嘉、荀彧、荀攸、程昱等著名的谋臣，每个都是聪明绝顶之人，都受到曹操重用，这些人没有一个像杨修那样，喜欢处处表现自己。曹操需要的是为自己出谋划策、对自己有帮助的人，而不是处处猜透自己心思的“聪明人”。杨修之所以死，是因为在曹操看来，杨修这样的聪明人，对自己实在是有害无益。

在现实生活中，总有一些人喜欢炫耀、显露自己的聪明，尽管其中不乏有才能的人，但这些人往往把注意力放在小事上，错失了真正做大事的机会。天长日久，在社会的竞争中，这种人往往败在不显山不露水的人手中。有些人外表平凡甚至糊涂、愚笨，看不出来有什么特别之处，其实是大智若愚，是真正的人才。一旦有了合适的时机，这种人反而能够抓住机会，一举成功。

美国第28任总统威尔逊，小时候是个比较木讷的人，内心却有心计。邻居很多人都喜欢逗他开心。有一天，附近的一个高年级同学一手拿着一美元硬币，一手拿着五美分硬币，让威尔逊选择拿一个。威尔逊回答：“我要五美分。”那人看到威尔逊放着一美元不要，却要五美分，哈哈大笑。众人四处传说着这个笑话，许多人不相信小威尔逊竟有这么傻，纷纷拿着各种硬币来试。结果，每次小威尔逊都选择面值小的那枚硬币。每天都有人用同样的方法愚弄他，然后笑呵呵地走开。

不久，威尔逊所在的学校也传遍了这个笑话。数学老师叫来威尔逊，问道：“难道你连一美元和五美分都分不清大小吗？”想不到威尔逊却说：“我不是不知道，但这样我每次都能赚钱。如果我要了一美元的话，就没人愿意再来试了，以后我连一分钱也赚不到了。”

威尔逊从小就是个聪明人，只不过他把聪明隐藏在头脑里，而不是写在脸上。来戏弄他的都以为他是笨蛋，威尔逊没有拆穿他们的小把戏，于是，这么多聪明人一次次给威尔逊送钱。威尔逊善于观察生活中的实质和细节，喜欢动脑筋，不被生活的表象所迷惑，具有真正的智慧。成年后，威尔逊依靠自己的智慧，终于成就一番伟业，成为美国总统，还获得了诺贝尔和平奖。

在日常生活中，如果你是十分出色的人才，在需要表现自己的时候，可以当仁不让；不需要表现自己的时候，可以显得糊涂一些。在无关紧要的地方，有意无意地卖点“傻”；当真正需要你的时候，再显示出你的重要性。

为人处世，千万不要“聪明反被聪明误”。不管是在领导面前动脑筋，还是在同事面前出主意，都不要处处显示自己的聪明，这样才使人愿意亲近，容易让人接受，这样才能让别人放心。试想，如果你比周围所有人都聪明，哪里还有你的容身之地？

聪明只是手段，而不是目的。如果你的一言一行就是为了显示自己的聪明，那就是本末倒置。智慧的目的是成就事业，获得成功。如果在通往成功的道路上，装糊涂能够助你一臂之力，那么何乐而不为呢？

人生处世感悟

不为五斗米折腰的人，在哪里都有。你千万别伤害别人的尊严，尊严是非常脆弱的，经不起任何的伤害。

——李嘉诚

处世攻略 065 别跟你的时代较劲

人的成长过程，就是一个向时代妥协的过程。以为凭自己一个人的能力就可以改变整个世界，这种不切实际的想法是幼稚的；希望任何事都可以把握在自己的股掌之间，是狂妄的。

北宋元丰二年，苏轼的诗句被朝廷中的政敌曲解为讽刺新法。最后，苏轼以“文字毁谤君相”的罪名被捕下狱，史称“乌台诗案”。结果，苏轼坐牢 103 天，差点被砍头。出狱后，苏轼被降职为黄州团练副使，这个职位相当低微，也没有什么实权，俸禄连养家糊口都成问题。

苏轼为人有个很大的优点，那就是心胸宽广，为人豁达。降职后，他并没有一蹶不振，也没有一味抱怨命运的不公。苏轼在公事之余，带领家人开垦城东的一块坡地，种田补贴生计，还欣然将自己号为“东坡居士”，从此世人称其为“苏东坡”。

苏东坡向时代妥协的同时，也意味着他将命运的无常踩在了脚下。苏东坡变得更加成熟，走向了更广阔的人生空间。

历史的车轮滚滚向前，时代发展永远是不可抗拒的。在必要的时候，向时代妥协，这不是消极的退却，而是一种人生的智慧。这样的妥协，会使你的心态更加淡定。有了这种妥协的智慧，即使处在人生的低谷，也能做出非凡的成就。

第二次世界大战期间，丘吉尔是英国首相，也是同盟国的著名领袖。1945 年 5 月 7 日德国宣布无条件投降，次日丘吉尔向英国人民宣告，英国已经赢得了第二次世界大战的胜利。

二战胜利在望，英国的战时内阁也势必解散。5月23日，丘吉尔辞职，并将大选定于7月5日举行。丘吉尔信心满满，以为凭借自己在战争中无与伦比的巨大功劳，定能顺利当选。不料，工党提出的建设福利国家的目标，对战后一贫如洗的英国民众有着极大的吸引力。最后，工党领袖克莱门特·艾德礼当选首相，得以组阁，丘吉尔所在的保守党在大选中惨败。带领英国人民走向战争胜利的丘吉尔，却被英国人民抛弃了。

丘吉尔虽然心中不免失落，却接受了这个事实。在公开场合，丘吉尔引用古希腊作家普鲁塔克的话说："对他们的伟大人物忘恩负义，是伟大民族的标志。"1945年7月26日，按照选举规定，丘吉尔正式卸下了首相职务，交出权力。

之后，丘吉尔利用自己的文学才华和独特经历，开始撰写第二次世界大战的回忆录。在政治上，他经过思考，多次提到建立一个统一的"欧洲合众国"的设想。他还发表了著名的铁幕演说，这场演说拉开了冷战的序幕。由于丘吉尔的贡献，他在1951年得以再度出任首相。也就是在这一年，丘吉尔因为自己的文学成就，获得诺贝尔文学奖。

在"二战"中，丘吉尔是永不妥协的战斗者形象，却能在时代的趋势面前，勇于妥协，重新开始自己的政治生活，为"二战"后的英国做出了新的贡献。正是因为丘吉尔心怀宽广，顺应时代的发展，使得他不仅成为一名优秀的政治家，更是著作等身的作家、口吐莲花的演说家。这样的丘吉尔，才是一位人生内涵极为丰富的传奇人物。

人生处世感悟

大环境改造不了，你就努力去改造小环境。小环境还是改造不了，你就好好去适应环境。

——柳传志

处世攻略

066 深藏不露，该装傻时就装傻

不需要知道的事情，不如不知道；不需要挑明的事情，索性不再提起。心中明白，宁愿装糊涂，这是小糊涂，更是大智慧。

公元200年，曹操与袁绍在官渡决战，曹操以少胜多，大败袁绍。曹操胜利后，收缴了袁绍的很多战略物资和私人书信，其中有一些居然是曹操自己的部下写给袁绍的密信。原来官渡大战时，由于袁绍势力远远大于曹操，因此曹操的一些部下与袁绍暗中勾结，来为自己留条后路。

有人禀报道：“丞相可以凭借这些密函，找出这些怀有贰心的叛徒，将他们消灭干净，以防后患。”不料曹操呵呵一笑，道：“以袁绍当时强大的实力，我尚且不能自保，何况众人呢！”于是曹操命令不许查看这些书信，并且力排众议，把这些书信全部付之一炬，连证据也不留下。

曹操此举，实在是看透了人性。曹操认为，保全自己是人之常情，这些与袁绍私通的将领，只是在敌我悬殊的情况下做出迫不得已的选择，他们只是观望者，还没有做出背叛自己的举动。曹操正值用人之际，如果把这些人找出来，必然会军心动摇，导致曹操实力受损。相反，曹操直接烧掉书信，能使得部下从此安心，不会再生动乱之心；此外，曹操也落了个宽宏大量的名声，必然会有更多的人才来投奔。这对于决心在乱世中建立功业的曹操而言，是至关重要的。所以，曹操在这个问题上宁愿糊涂一些，对通敌者表示理解，一概予以原谅，这比明察秋毫要好多了。

美国空军著名战斗机飞行员鲍伯·胡佛有着很长的试飞生涯，他十分顺利地试飞了许多种新机型飞机，从来没有出过问题。有一次，他奉命参加一场飞行表演，完成任务后，驾驶飞机返回洛杉矶，不料飞机在途中突然发生严重故障，两个引擎同时失灵。胡佛临危不惧，凭借高超的技术和丰富的飞行经验，果断沉着地采取了措施，奇迹般地把飞机迫降在机场。

经过事后检查发现，造成事故的原因是燃料加注错误，这架飞机是螺旋桨飞机，却被机械师加注了喷气式飞机用的燃油。负责保养飞机的年轻机械师十分害怕，见了胡佛更是泪流满面。胡佛却一句也没提燃油的事情，而是走上前轻轻抱住他，真诚地说："我相信你不会再犯错误，因此，我想请你继续为我保养飞机。"

有几人能理解板桥先生的"糊涂"，是一种清醒的蔑视，是对腐败现实的抗议，是清风自拂的坦荡胸怀。

机械师心里十分感动，后来一直跟着胡佛，负责他的飞机维修，一生兢兢业业，再没有出现任何差错。

胡佛的机械师工作失误，导致飞机出现紧急状况，差一点造成机毁人亡的严重事故。胡佛完全有理由大发雷霆，痛责机械师的疏忽，追究他的责任。但是，胡佛并没有批评他。因为胡佛深知，即使他不说什么，机械师也已经认识到了自己的错误。如果再对他的错误批评、苛责，也已经于事无补了。胡佛不再指明他的责任，而是大事化小、小事化了，稀里糊涂就了结了这一事件，等于是善待机械师的过失，给予他最大限度的理解和尊重，帮助他恢复自信和坚强，更能获得对方的尊重和爱戴。

事实证明，不需要知道的事情，还不如不知道。朋友或下属会因为你的装糊涂而备感信任，原本摇摆不定的人很可能因为这种信任而更加坚定，对你更加信任。不需要挑明的事情，索性不再提起，这是小糊涂，更是大智慧。

人无完人，要允许别人犯错误。宽容的人，会得到十分丰厚的回报。事事都要弄明白，什么都要打听明白，这种人太精明了，会让周围的人不舒服，时间久了，就没有人愿意与他相处。因此，整日只会苛察小事、自以为精明的人，恰恰是不通人情世故、大事糊涂的人。那些心中明白但宁愿装糊涂的人，才是能够成功的智者。

人生处世感悟

把自己当傻瓜，不懂就问，你会学得更多。

——李嘉诚

处世攻略

067 水至清则无鱼，不要太过挑剔

俗话说："水至清则无鱼，人至察则无徒。"水太清了，鱼就无法生存；要求别人太严格了，就没有合作伙伴了。

东汉明帝时，著名的军事家和外交家班超奉命两次出使西域。班超为人智勇，恩威并施，并拥有高超的领导艺术，深得人心。经过30年的努力，班超终于解除匈奴对西域诸国的控制，使西域五十余国全部归附汉朝。德高望重的班超因功升任西域都护，封定远侯。

汉永元十二年，班超年老回乡，汉和帝派任尚为西域都护，接替班超。任尚向班超请教治理西域的经验，班超说："处理政务如果过于精明苛细，就很难得到部下的拥戴。尤其作为西域都护，为人处事一定要平和简易，对别人的小过失要尽量宽恕，只要能把握大的方面就行了。"任尚听了很失望，认为班超只不过是老生常谈，很不以为然。结果，任尚继任后，信奉严厉镇压的政策，仅仅4年时间，就造成西域各国相继叛乱，混乱局面不可收拾，任尚也被朝廷征诏还京问罪。

班超原句"水清无大鱼，察政不得下和。宜荡佚简易，宽小过，总大纲而已"，记载在《后汉书·班超传》中，意思是：水清了就没有大鱼，政务太苛察、太严格，就不易让下面的人亲附，人事上失去团结。凡事应该求其简单，对小过错多加宽恕，只总揽大纲、不挑剔小节就可以了。这是为官者应该坚持的原则。班超坚持这一原则，在西域三十年，民众畏服，社会安定。

自以为是的任尚没能理解班超话中深藏的道理，为政严厉苛察，结果与西域各国的关系越来越紧张，导致数年后西域反叛，自己也因此获罪。

美国有一位著名的企业家，一次在哈佛大学演讲。在提问环节，下面的学生向他请教事业上成功的秘诀，企业家没有直接回答，而是拿起粉笔在黑板上画了一个圈，留下一个小缺口。企业家指着这个不圆满的圆，说道："这是一个有缺口的圆。我为什么会取得今天这样的成就？道理很简单：留个缺口给他人。事业的成功，并不能只靠我一个人。从

领导者的胸怀与事业是成正比的，有多大的胸怀就能做多大的事业。所以，不要太过挑剔下属的不足之处，"大树底下不长草"还是有一定道理的。

创业开始，我就有很多事业上的合作伙伴，我充分尊重他们。这些伙伴如果不能够把事情做得很圆满，我也不会深究。就像这个不圆满的圆，留个缺口也无妨。企业的员工都是我的朋友，我给他们留个缺口，他们也会尽心尽力为企业工作，企业才能越做越大。”

中国有句俗话：“浑身是铁，能打几根钉。”如何对待事业上的合作伙伴，是一门大学问。水至清则无鱼，没有十全十美的人。留个缺口给他人，并不说明自己的能力不强。实际上，这是一种管理智慧。只有充分发挥下属的积极性和创造性，才是真正意义上的创业者和领导者。反之，对员工过于苛刻，恰恰是对员工积极性和智慧的扼杀，往往会事与愿违。长此以往，员工会产生逆反心理，把责任全推给管理者，反而不利于企业的发展。

社会是一个有机的整体。“察”本身是没什么问题的，而“至察”就超出了一定的度。在日常生活中，对人或物都不可要求太高。尤其是发现问题的时候，指责人不要太苛刻，批评别人不要过于严厉。否则的话，大家就会不愿意与你打交道，就像水过于清澈养不住鱼儿一样。

在一个人的事业发展中，也存在这样的问题。人无完人，个人的智慧毕竟是有限而且片面的，必须与别人合作，才能做出大成绩。在职场中，有的上司对下属极为苛刻，今天看着这个的工作做得不好，明天又认为那个对职业不热情，任何人才在这样的环境中都难以有所作为。相反，如果赋予员工更多的责任和权力，不为一些鸡毛蒜皮的小事斤斤计较，反而会取得意想不到的成绩。

人生处世感悟

留三分余地给别人，就是留三分余地给自己。

——刘墉

处世攻略

068 人生不过几十年，何不潇洒走一回

成功的处世之道在于胸襟广阔。做人不能太较真，对某些事情模糊处理，这样的人才能活得潇洒。

唐高宗仪凤年间，狄仁杰升任掌管刑法的大理丞，他刚正廉明，一年中判决了大量的积压案件，涉及一万七千多人，没有一人再上诉伸冤，其处事公正可见一斑。狄仁杰一时名声大振，成为朝野推崇备至的治世能臣。

武则天当上皇帝后，十分器重狄仁杰。为了表示信任，武则天对狄仁杰说："你早年在汝南当地方官时，很有政绩。当时曾经有人诬告你，你想知道他们是谁吗？"狄仁杰马上回答道："陛下以为是臣的过错，臣就应当改正；陛下不以为是臣的过错，是臣的荣幸。臣不愿意知道这些人的名字。"武则天听了，赞叹狄仁杰坦荡豁达的胸怀，更加信任他了。

在当时的情况下，即使狄仁杰刨根问底，追查出是谁诬陷了自己，有什么好处呢？诬陷狄仁杰的人，必然会担心狄仁杰找机会报复；反过来，如果曾经诬告狄仁杰的人出了变故，也会有人怀疑到狄仁杰的头上。狄仁杰明白，不知道这些人的名字，自己心中会很轻松；知道了反而会多生事端。所以，狄仁杰宁愿这件事糊里糊涂过去，不愿追问这些人的名字。

美国有一个跨国烟草公司，生产各种香烟，产品远销多个国家。公司由于业务扩大，在佛罗里达州一个偏僻的小镇上新开了一家卷烟厂，

生产女式加长过滤嘴香烟。

新工厂的管理还很不规范，有一天，一名工人忍不住在车间门口吐了一口痰。厂长发现后，认为工人是故意捣乱，在办公室狠狠地批评了他，问他是不是故意破坏厂里的工作环境。其实这名工人刚好感冒了，并没有什么目的。愤怒的厂长不依不饶，不但罚扣了工人当月的全部奖金，还在全厂范围内狠狠批评了他。这名工人十分不理解，觉得厂长借题发挥，故意给自己难堪，于是趁人不注意，狠狠地朝着一箱成品香烟踢了一脚。不料，客户是一家大型连锁超市，刚好抽检了他踢过的那箱烟，加长过滤嘴有不少脱落的现象。于是客户把这批货全部退回，烟草公司的声誉也受到了极大影响，公司不得不花费大量金钱和人力来弥补。

工人偶尔有小的过失，只要不是故意为之，也没有造成严重后果的话，按照规定处罚就可以了，没有必要上纲上线、刨根问底。毕竟，没有人会故意搞砸自己的工作。对下属太较真了，本来兢兢业业工作的人反而会马马虎虎，对工作丧失责任心。对员工的较真，是一种不信任和伤害，这样的结果，反而会对公司造成更大的损失。

如果你听说别人曾经冒犯过你，先不要较真、烦恼。如果这个人对你没有造成什么伤害，现在对你也没有什么敌意，不妨宽大为怀，不再追究；或者像狄仁杰一样，连他的名字也不必知道。专心做好你的事情，相信是非自有明断。等你像狄仁杰一样做出成就，那些谣言和诬告不攻自破，那些背后鬼鬼祟祟的小人就是跳梁小丑，又何足道哉？

人生处世感悟

“理直气壮”不如“理直气和”，后者更见涵养、更有风度！

——刘墉

第九章——

韬晦

收敛你的锋芒，隐藏你的内心

韬晦之术，是中国传统谋略中最有特色也最实用的一种。历史上许多著名人物善用韬晦之术，或隐藏实力，渡过难关；或避险避祸，逢凶化吉；或放低姿态，终成功业；或功成身退，保全身家性命。

在漫长的人生过程中，也要学会巧妙运用韬晦的处世智慧，抓住各种机会，取得事业上的成功。

处世攻略

069 逞强好胜不如韬晦示弱

如果你胸有大志，却羽翼未丰，时机没到，就要隐藏自己的光芒，说话做事步步后退，危急时刻才能巧渡难关，逐渐壮大自己的力量。

东汉末年，曹操挟天子以令诸侯，势力很大；刘备势单力薄暂屈其门下，为防曹操迫害，就在住处后园种菜，亲自浇灌，以为韬晦之计。

一天，曹操派人请刘备赴宴，煮酒闲谈。曹操问道："玄德久历四方，一定非常了解当世的英雄，请说说看。"刘备历数了当时很有势力的袁术、袁绍、刘表、孙坚、刘璋、张鲁、张绣等人，曹操却不以为然。曹操此时正想打听刘备，看他是否想称雄于世，于是说："凡是英雄，都是胸怀大志，腹有良策，有包藏宇宙之机，吞吐天地之气。"刘备说："那谁能担当此任呢？"曹操先用手指指刘备，又指指自己，说："当今天下英雄，只有您和我曹操了。"

刘备闻得此言，明白了曹操的用意，大吃一惊，手中所持的筷子不觉掉到地上。正巧这时外面雷声大作，刘备便从容俯下身去拾起筷子，说："一震之威，乃至于此。"曹操笑着说："大丈夫也怕雷震吗？"刘备说："圣人云：'迅雷风烈必变'，怎能不怕呢？"这样，刘备把自己闻言失态轻轻掩饰过去，使曹操认为自己是个胸无大志、胆小如鼠的庸人。不久，刘备以截击袁术为借口，向曹操借兵逃走了。

刘备胸有大志，却势力单薄，只好韬光养晦，掩人耳目；曹操却不买他的账，煮酒论英雄，一语道破天机。刘备虽投靠曹操，却始终不甘寄人篱下，总图谋东山再起。但是曹操生性机敏，怎会对刘备的失态不生疑心。于是刘备趁雷声大作，不惜把自己说成害怕雷震的胆小之人。这样的人，才是真正的枭雄。如果刘备一味逞强好胜，曹操岂能容他？更不会有日后的三分天下。在关键时刻，一句示弱的话显出了刘备的大智大谋。

胸有大志的人，如果处在不利的环境下，就要隐藏自己的光芒，躲在一个相对不显眼的位置。这是一种生存的策略。古往今来，凡能成就大事业者，无不深谙韬晦之道。

1952 年 7 月，埃及政治家萨达特参加了纳赛尔领导的七月革命，推翻了法鲁克王朝。但是革命成功后，领导者之间权力争夺十分激烈。在这样的政治环境中，萨达特作为革命的组织者和发起者之一，却深得韬

谦卑是一种姿态、一种睿智，不是在势高一等的人的面前畏缩，而是相信自己不必依靠强势，也相信别人不会畏惧强势。以谦卑的姿态，彰显自己的风采精神和高大人格。

晦之道，他不图大权，泰然自若。纳赛尔作为最高领导，大权在握，萨达特对他极为尊敬，对纳赛尔所提的建议，他从不提异议，对于纳赛尔的话，他总是随声附和。对于内政问题和外交大事，他从不拿出主见，偶尔的稍有出格，他就会立刻纠正，与纳赛尔的言论保持一致。

1967 年第三次中东战争后，纳赛尔考虑提名继任者的问题。经过再三权衡，考虑到各种利益和现实因素，温和的萨达特成为最合适的人选。势力强大的埃及军方也支持不显山露水的萨达特。1970 年，纳赛尔去世，在激烈的权力斗争中，各方势力争夺激烈，互不相让。最后，出于政治妥协，信奉温和政策的萨达特继任了总统职位，开始在政坛上大显身手。

萨达特是个只知道唯唯诺诺的庸才吗？事实恰恰相反，他是个很有想法的人，平日的韬光养晦，都是为了日后有机会大展宏图。果然，萨达特继任总统后，一反平日之态，大刀阔斧地进行改革。他果断地排除异己，稳固自己的地位；政治上实行民主制度，经济上实行改革开放；外交上屡有惊人之举，与美国恢复外交关系，亲访以色列，打破埃、以关系的僵局，还进一步与美、以签订戴维营协议，由此获得“诺贝尔和平奖”，成为 20 世纪 70 年代世界政治舞台上的风云人物。

隐藏自己的光芒，这样的谦卑态度，能够打消对手的顾忌，被别人从心底接纳，从而在对方不知不觉中发展壮大自己的实力。这样的人，最终会得到大家的尊重；而一个处处锋芒毕露的人，无法接纳他人的意见，也会失去他人的支持。

人生处世感悟

挫折自己的锐气，化解自己的忿怒，收敛自己的智慧光芒，不使自己显得太特殊，即所谓和光同尘，韬光养德。

——佚名

处世攻略

070 坐等时机，只为麻痹对手

在时机对自己不利的情况下，可以采取韬光养晦的策略，麻痹对手，等待机会，必能一举成功。

魏明帝病重时，把司马懿和曹爽叫到床边，嘱咐他们共同辅助太子曹芳。既然二人共同辅佐，争权夺势也就在所难免了。曹爽是皇族大臣，司马懿虽然是太傅，却处于弱势。司马懿不断被曹爽排挤，于是采取韬光养晦的策略，推说自己病重，在家休养。

实际上，司马懿根本没有病，他只是在麻痹曹爽。这天，魏少帝曹芳率领大臣到城外祭祖。司马懿装作病重，留在城中。等君臣出了皇城之后，司马懿带着儿子司马师、司马昭，率领家兵，迅速占领城门和兵库，假传皇太后的诏令，废掉曹爽职位，不久又把曹爽和他的亲信下狱处死。这样一来，魏国的政权名义上还是曹氏的，实际上已经由司马懿控制了。

历史上，许多曾经驰骋疆场、所向披靡的大将军，都因为过于刚烈，不懂得变通，在政治上遭人忌恨，而落得被谋害的下场。司马懿不仅是军事家，更是政治家，他以谋略见长，善于权变，懂得韬光养晦的道理，先弱后强，终于在惨烈的政治斗争中获得胜利。事实上，司马懿的韬晦之策，在曹操面前就成功上演过。那时，曹操就对司马懿的才能非常赏识，但对他的雄心也看得一清二楚，司马懿敏感地察觉到了曹操对他的猜疑，于是装作对权势地位无所用心、满足现状、不图进取的样子，成功麻痹了曹操，为后来司马家族夺取曹魏政权打下了基础。

韬光养晦，就是甘愿让对手处在重要的位置，把自己放在次要的位置，这样对方就感受不到威胁。

第十六届世界杯足球赛决赛在巴黎举行时，法国队对战巴西队。圣丹尼斯体育场内座无虚席，法国总统、新老国际足联主席等人悉数出席。巴西队是卫冕冠军，拥有“外星人”罗纳尔多等足球天才，堪称梦之队。而法国队从未在世界杯中夺冠，且在正处于足球史上的最低谷。

比赛一开始，法国队就出乎许多专家的预料，紧紧控制住了比赛节奏，巴西队始终无法撕破对方防线，个人突破面对老练的法国后卫找不到任何机会。第27分钟，齐达内以一记有力的冲顶先进一球。此后，法国人的进攻一浪高过一浪，以3比0完胜巴西队，法国队历史上首次夺得世界杯冠军。

这是一场十分经典的比赛，当时的法国队主教练雅凯采取韬光养晦的稳守反击战术，给了法国人一个意外的惊喜。法国队获胜的关键，全凭出其不意，赛前麻痹了对手，比赛中攻其不备，给自己创造了最好的进攻机会。而巴西队在大好的形势下，面对貌不惊人的法国队麻痹大意，根本没有组织起有效的进攻，导致不该有的惨败。

韬光养晦并不是一味示弱，而是为了麻痹对手。当你成功地让对手相信你的这种意图，就可以从容发展自己的实力，一步步实施自己的发展计划，等到最好的时机来到，就能取得最大的成功。

人生处世感悟

我这棵小树是从沙石风雨中长出来的，你们可以去山上试试，由沙石长出来的小树，要拔去是多么的费力啊！但从石缝里长出来的小树，则更富有生命力。

——李嘉诚

处世攻略

071 暂时放低姿态，就如同弯弓射箭

不管是生活中，还是在商业战场上，必要的时候，要适当放低自己的姿态。低姿态只是手段，最终目的，是为了取得更进一步的进展。

战国末期，秦国要攻打楚国。秦国老将王翦已经年过六旬，白发苍苍。秦王起初任命年轻将领李信击楚，李信轻敌冒进，兵败而回。秦王亲自到频阳向王翦谢罪，坚持要王翦领兵攻楚。王翦说："必须征集六十万大军，听我指挥，否则不能击败楚国。"秦王允诺。

王翦率六十万秦军伐楚，秦王亲自送至灞上，王翦请求秦王封赏良田、屋宅、园地，秦王说："将军在战场上建立功业，何患贫穷？"王翦说："作为大王部将，虽立战功却终不得封侯，所以趁大王亲近臣下之时，多求良田屋宅园地，为子孙置业。"秦王大笑，答应了王翦的请求。军队出发后，王翦又派使者请求封赏，前后有五次之多。王翦的心腹劝说道，此举未免有失大将之风，王翦私下解释道："秦王粗暴多疑，我现在掌握军中大权，指挥全国的军队，难免被秦王猜忌。我多请封赏，只是为了打消秦王对我的疑虑，这样他就不会怀疑我造反了。"

王翦具有很强的政治头脑。楚国是大国，兵多将广，伐楚需要六十万兵力，而且要打持久战。这样强大的兵力交给王翦一人指挥，如果他拥兵自重，甚至起兵造反，局面将会不可收拾。就算秦王不怀疑他，若朝中有小人在秦王面前进谗言，他不仅难立灭楚之功，就连身家性命恐怕也难以保全。这样的例子，在历史上数不胜数。

怎样取得秦王的信任呢？最好的办法就是放低姿态。王翦频频要求封赏，实际上是向秦王表示真心。请求封赏，至多让人觉得贪财，总比被人怀疑造反要好得多。在秦王眼里，王翦成了在乎荣华富贵的将领，没有政治上的勃勃野心，这才能让人放心。王翦取得了秦王的充分信任，也掌握了对军队的绝对领导权，终于解除了后顾之忧，最终得以全力实施自己的战术思想，成功帮助秦王统一全国。

一个人的生活中，有时候需要展示自己的才能，有时候需要低姿态面对别人。面对上司，需要服从工作安排，及时完成任务，低姿态换来职业的顺利发展；面对商业客户，需要维护好平日的关系，寻求更多的合作；面对强大的竞争对手，需要低姿态麻痹对手，换得发展的机遇。

上海有一家代理众多著名品牌的IT产品代理公司。有一天，笔记本电脑部门经理廖凡接到一个电话，说要购买两台笔记本。经理并没有因为这个单子太小而态度冷淡，而是在电话中与客户热情商谈，最后为客户选定了合适的机型。送货时，经理才发现，客户是一个学校信息中心的主任，这两台笔记本是为学校的两位教师订购的。

廖凡高度重视这个客户的后期开发。他站在学校的立场，从实用的角度向主任介绍了很多电脑产品的情况。主任坦言，现在学校并没有继续购买电脑的需要。廖凡不以为意，平时注意沟通，做好产品售后服务，还顺便帮助客户解决了不少电脑问题。久而久之，学校十分信任这家公司。新学期开学后，学校有几百台的电脑采购计划，主任毫不犹豫地想到了这家公司。

商场如战场，讲究战略战术。有的客户虽然一次购买量很小，但潜力很大，以后肯定会对电脑有进一步的需求。想赢得这种客户的订单，就需要平日的感情维护。现在电脑产品的同质化情况十分严重，这就需要电脑公司放低姿态对待客户，切实解决客户平时遇到的各种问题。只有高质量的服务，才能换得客户的充分信任，有购买需要时才会第一个想到你。

低姿态只是手段，而不是目的。在生活中，低姿态保证你具有良好的心态，不为琐事烦恼；在事业上，低姿态帮助你更少树敌，取得更进一步的发展。低姿态就像弯弓射箭，拉弓时的后退一小步，是为后面的高速前进做铺垫。

人生处世感悟

低调做人，无论在官场、商场还是政治军事斗争中，都是一种进可攻、退可守，看似平淡，实则高深的处世谋略。

——佚名

处世攻略

072 出头鸟最容易挨枪

在一个人并不强大的时候，不抢先、不出头，兢兢业业地做好自己的本职工作，才能在合适的机会下，取得自己的成功。

元朝末年，朝廷腐败，污吏横行，民不聊生，起义军风起云涌，反抗朝廷的残暴统治。北方主要由元军控制，南方诸省被陈友谅、张士诚、朱元璋等起义军分别占领。在这些起义军中，朱元璋并不占优势。相比其他的起义军，朱元璋没有自己的根据地，也缺少自己的嫡系部队，粮草军备等物资也并不充足。

朱元璋攻占南京后，徽州儒士朱升向朱元璋献上九字箴言："高筑墙、广积粮、缓称王。"朱元璋对这九字箴言如获至宝，马上采纳，并切实付诸行动。随后几年，朱元璋招兵买马，严格训练，不断壮大队伍；然后稳扎稳打，步步为营，不断扩大地盘。朱元璋还鼓励百姓开屯种粮，不断加强实力储备。待朱元璋实力雄厚，时机成熟后，逐一消灭对手，一统中原，建立了明朝。

朱升的建议，是在保证生存的前提下，发展自己，壮大自己，免遭攻击。这个建议的精髓，就是要韬光养晦，积蓄力量，壮大自己，不要急于自封为王，成为"出头鸟"。对于充满雄心壮志却暂时势单力薄的朱元璋来说，最重要的是减少敌人，发展势力，而不是徒立虚名。

20世纪70年代，家用录像机开始普及。技术先进的索尼公司领先一步，成功研制出可以录制两小时内容的家庭小型录像机。

当时，日本最大的海外消费市场是美国。美国如日中天的 RCA 视听器材公司非常看好录像机市场，想让索尼为其代工生产录像机，条件是在机器上打上 RCA 的牌子。财大气粗的索尼公司断然拒绝了这个要求，松下电器公司却紧紧抓住了 RCA 公司。

RCA 公司提出，美国人最喜欢看的体育节目是橄榄球，橄榄球比赛时间往往超过 3 小时，因此需要提供录像时间为 4 小时的家用录像机。松下电器答应了 RCA 公司的所有要求，顺利与 RCA 公司签订了长期合同。随后，松下电器公司组织研究人员攻关，终于研发出录像时间为 4 小时的家用录像机，成功地占领了美国家用录像机的大部分份额。

在这场家用录像机大战中，松下电器公司不是新技术的先驱者，因此把工作的重点放在追赶技术、完善产品上，采用防守反击的策略取胜。而势力雄厚、人才济济的索尼公司，总想在技术上领先，一举霸占家电市场，反而在这场竞争中处于下风。

俗话说："出头的椽子先烂"、"枪打出头鸟"、"木秀于林，风必摧之"。在一个人并不强大的时候，尤其要懂得谦虚，不可骄傲自大、目中无人。在一定的范围内，领导者永远只是极少数，大多数人是追赶者，这时候，不抢先、不出头，不急不躁，做好自己的本职工作，才能在合适的机遇下脱颖而出。

人生处世感悟

当两只鸡一样大的时候，人家肯定觉得你比他小；当你是火鸡，人家是小鸡的时候，你会觉得自己很大，人家会觉得咱们一样大；只有当你是只鸵鸟的时候，别人才会承认你大。所以，千万不要把自己的力量估计得过高。

——柳传志

处世攻略

073 见好就收，精于进更要巧于退

功成身退是积极而充满智慧的处世方式，是真正的成功者的表现，是另一种方向的进取，是另一种领域的开拓。

周景王二十四年，吴王夫差大败越国，越王勾践仅剩 5000 兵卒逃入会稽山。范蠡于勾践穷途末路之际投奔越国，向勾践献计献策。范蠡被拜为上大夫后，陪同勾践夫妇在吴国为奴三年。三年后，勾践归国，范蠡与文种拟定兴越灭吴“九术”。九术之一的“美人计”，也是范蠡亲自跋山涉水，寻访到德才貌兼备的西施，献给吴王。范蠡尽心尽力辅佐越王勾践二十余年，帮助勾践成就了霸业，灭掉吴国，被尊为上将军。

范蠡达到了人生最辉煌的时刻。在举国欢庆之时，他却功成身退。范蠡辗转到达陶地（今山东定陶西北），变姓改名，带领儿子和门徒耕作、经商，几年后，成为当地巨富，积资百万，自号陶朱公。范蠡仗义疏财，后世民众尊陶朱公为财神，是儒商之鼻祖。

范蠡既能治国用兵，又能全家保身，是先秦时期罕见的智士。不论是帮助勾践兴国、灭吴，还是急流勇退，范蠡都把握住了最佳时机，这是范蠡的过人之处。范蠡离开的时候，众人都不理解他的想法，范蠡到达齐国后，写信给好友文种说：“飞鸟尽，良弓藏；狡兔死，走狗烹。越王为人，可以与他共患难，却不能同享乐。你为什么还不快离开呢？”文种收到信后，便称病不上朝，意图归隐。不久，有小人诬告文种作乱，勾践就赐文种一把剑，文种被逼自杀。

功成身退，常常被视为明哲保身，但事实上并非如此。无所作为的明哲保身，是十分消极被动的处世方法，不值得提倡；而功成身退是积极而充满智慧的处世方式，是真正的成功者的表现，二者不可同日而语。

美国实业家约翰·洛克菲勒，于1870年创立了标准石油公司。洛克菲勒选择高风险的极端商业策略，大量举债增资，大量转投资，大量开发副产品，结果取得了成功，标准石油迅速成为全世界最大的石油集团企业。1895年，洛克菲勒的财富已达10亿美元。标准石油公司成为19世纪末全球第一企业，垄断了全美石油的95%，全球石油的75%。洛克菲勒成了蜚声海内外的“石油大王”，也成为美国第一位十亿富豪、全球首富。

洛克菲勒在他人生最辉煌的时刻，选择了退休。1897年，洛克菲勒退出所有公司的主要管理工作，只保留股份和总裁的名分。在人生的后40年，洛克菲勒致力于慈善事业。洛克菲勒一生总共捐助了约5.5亿美元用于慈善事业。现今的纽约市也处处可见洛克菲勒家族留下的地标，如联合国总部大楼、洛克菲勒中心等。

在合适的时机功成身退，并不是说有了功劳后就彻底退休，无所事事了。功成身退，是另一个方向的进取，是另一种领域的开拓。范蠡急流勇退，专心经商，成为一代儒商，万世表率。洛克菲勒前半生致力于赚钱，在商业领域达到顶峰；后半生致力于奉献，在慈善领域再次达到新的高度，脱离了单纯的商人之名，成为美国精神的杰出代表。

人生处世感悟

贪婪是最真实的贫穷，满足是最真实的财富。

——李嘉诚

处世攻略

074 学会适当地分散自己的力量

遇到困局时，主动分散自己的力量，可以发掘到新的发展空间，避开原来的种种束缚，开创人生的新局面。

晚清咸丰年间，太平天国的起义席卷了半个中国，尽管清政府从全国各地调集大量八旗、绿营官兵来对付太平军，可清朝军队早已腐朽不堪，在起义军面前不堪一击。清政府不得不发布命令，奖励团练。曾国藩在其家乡湖南一带，依靠师徒、亲戚、好友等复杂的人际关系，建立了一支地方团练，称为湘军。曾国藩率领湘军，残酷镇压太平天国起义，成为与太平天国作战的主力。

当时，朝廷任命曾国藩统帅江苏、安徽、江西、浙江四省的军务，这四个省的巡抚、提督以下的文武官员，皆归曾国藩节制。太平天国起义被镇压下去之后，曾国藩因为作战有功，被封为毅勇侯。曾国藩的权力和声誉，都达到了顶峰。

这时，曾国藩却意外地主动裁减湘军4万人。湘军规模日益庞大，人数近30万人，曾国藩却从湘军内部挖掘出左宗棠、李鸿章等人才，鼓励他们独立发展。曾国藩帮助李鸿章招募自己的淮军，并调拨八营四千余人的湘军给李鸿章。

曾国藩统帅四省军务，这是有清以来汉族人获得的最大权力。曾国藩被封为毅勇侯，是清代以文人而封武侯的第一人。曾国藩的权力和声誉，都达到了顶峰。湘军是曾国藩一手创制，服从于曾国藩一人，朝廷很难调动。这样的军队，这样的将领，朝廷怎能放心？长此以往，不仅湘军保不住，曾国藩的地位也保不住。

曾国藩头脑非常清醒，他审时度势，下放兵权，主动分散力量。曾国藩让部将出去独立发展，解决了湘军中人才过多、惹人猜忌的状况，也为自己开创了新局面。他将朝廷看来尾大不掉的“巨无霸”湘军分散开来，曾国藩的众多属下，不再隶属于曾国藩一个人，而成了朝廷可以重用的人才。曾国藩向朝廷表明：我无意拥军，我不是个谋私利的野心家，是位忠于清廷的卫士。朝廷从此不再猜忌曾国藩。

在传统的观念中，让属下自立门户，分散自己的力量，这是十分罕见的事情。曾国藩鼓励属下的湘军将领独立发展，岂不是削弱自己的力量？很多人对此都不能理解。其实，曾国藩并非一时兴起，而是做了当时的最好选择，甚至是当时时局下唯一正确的选择。

20世纪90年代末期，随着新技术的发展，计算机代工成为利润十分丰厚的行业。成立于1982年的神达集团，凭借计算机代工，逐步发展为台湾最大的电脑集团。进入21世纪，随着计算机行业的发展，单纯的计算机制造的利润变得越来越小，集团发展速度变缓。神达集团总裁蔡丰赐面对这一情况，鼓励集团内部的员工创业。其中，神达的子公司宇达电通总经理王圣愍成立了“新视讯事业部”，这个新事业部门拥有更大的发挥空间，全力研发新产品。在王圣愍的领导下，这个部门最后成功开发出操作简单的消费型GPS产品，产品大受欢迎，公司也成为掌上电脑GPS市场的第一品牌。

在现代企业管理中，有一种新的发展模式，那就是“内部创业”。企业在发展过程中，可以鼓励、支持一些有创业意向的员工内部创业，承担企业内部某些业务，开拓新的发展领域。这样既发挥了员工的才能，也激发了企业内部活力，为企业找到新的发展空间。神达集团作为传统的电脑代工集团，凭借员工内部创业，获得了长足的发展。

现代社会是一个开放性的社会，当你遇到困局时，不妨主动分散自己的力量，这样可以发掘到新的发展空间。在今天的企业中，也会遇到曾国藩当年的问题。曾国藩分权后，人才纷纷在别的地方施展拳脚，清末18个行省，一度有13个省的主官都是出身于湘军的将领。今天的企业也是这样，每个公司的高级管理职位都是有限的，而企业培养出来的人才越来越多，与其让他们束手束脚，还不如放开限制，鼓励有才能、有想法的人才内部创业，为他们提供更大的发展平台，企业自身也能获得新的增长点。

人生处世感悟

在我心目中，不论你是什么样的肤色，不论你是什么样的国籍，只要你对公司有贡献，忠诚、肯做事、有归属感，即有长期的打算，我就会帮他慢慢地经过一个时期而成为核心分子。

——李嘉诚

处世攻略

075 像弯腰的台灯一般谦卑

人生的发展，要始终抱着谦卑的学习态度，做好每一件小事，把握机会，改变自己的命运。

清道光年间，河北广平府（今永年县）有个年轻人，名叫杨露禅，他自幼好武，但家庭贫困，迫于生计，在中药铺“太和堂”中打杂。药店的老板是河南省温县陈家沟人陈德瑚，当时雇用同乡陈长兴护院，教店员武术，保店自卫。

陈长兴是太极拳宗师陈王廷的传人，太极拳有很深的造诣。陈长兴教店员练拳时，杨露禅便在一旁观看，用心记下某些招式，无人时便自行练习。陈长兴发觉后，认为杨露禅天赋异禀，乃武学奇才，于是大胆摒弃门户之见，准其正式学习太极拳。杨露禅正式拜陈长兴为师后，刻苦学习，武艺高强，终有大成。后来，杨露禅考虑到学习的难度和身体保健的需要，将太极拳中的一些高难度动作适当改动，逐渐定型为杨式太极拳，成为一代宗师。

按照传统的规则，太极拳是用于技击的武术，是不传外人的。杨露禅用对武术的执著精神和谦卑的学习态度打动了陈长兴，得到他的传授，成为武术界一段佳话。

学习的态度十分重要。在日常生活中，只有谦卑的人才真正能学到东西。大海之所以成为大海，是因为它比所有的河流都低。学习能使人进步，故步自封、妄自菲薄不是应有的人生态度和处世哲学。

在美国福特公司里，曾经有一位最年轻的车间主管，名叫汤姆·布兰德。年轻的汤姆最初进入工厂时，只是制造厂的一个杂工。

汤姆是个有心人，在这项特殊的工作中，他接触了工厂的每个部门，对生产流程作了一次全面的学习。不久，汤姆调到点焊部工作。汤姆继续抱着积极的学习态度，很快对点焊的工序了然于胸。半年后，汤姆又相继到车身部、喷漆部、车床部等部门工作，每个部门他都认真工作，从不出差错，而且尽可能多地学习新知识。几年后，公司开设新工厂，招聘车间主管，汤姆信心满满地应聘了。由于汤姆事先已经在很多部门干过，加上他善于学习，对工厂的装配流程十分了解，最后顺利通过了招聘，成为公司最年轻的车间主管。两年后，工作出色的汤姆还升到了经理的职位。

一个谦虚好学的人，是一个正在积蓄力气的强者。人生的发展秘诀，无非是始终抱着谦卑的学习态度，做好每一件小事。这样的人生，才能成为不断成长的过程。

学习既是一种行为，更是一种开放的、谦卑的心态，是成功者必备的素质。机会只降临给有准备的人。时刻保持谦卑的学习态度，就能够摆脱周围是非的影响，把握住自己的命运。谦虚谨慎地学习，并不是有意的韬光养晦，却比单纯的韬晦之策更加自然、更加有效，也更能反映出人生的大智慧。

人生处世感悟

苦难的生活，是我人生的最好锻炼，尤其是做推销员，使我学会了不少的东西，明白了不少事理。所有这些，是用10亿100亿也买不到的。

——李嘉诚

处世攻略

076 别跟姚明比个儿高

篮球明星姚明身高2米26，常人如果硬要在身高方面与他比个上下，岂不是自讨没趣？

同理，面对强大的对手，最好的竞争力不是打败对手的能力，而是避开正面竞争的能力。避免正面竞争，保存实力，抓住对手的弱点和盲点，才能取得最终的胜利。

西汉初年，汉朝政权刚刚稳定，北方匈奴的军事力量却日益强大起来，他们不断南下，侵入西汉边境，抢掠物资，骚扰百姓。在强大匈奴的威逼下，汉高祖刘邦听从了刘敬的建议，采取了与匈奴和亲的政策。公元前198年，汉王朝将一普通人家的女儿冒充公主，嫁给冒顿单于做阏氏，并派刘敬为使者，与匈奴缔结和亲之约，每年还送给匈奴许多物资和食物。汉惠帝时期，西汉又一次“以宗室女为公主，嫁匈奴单于”。文帝、景帝继续执行这一政策，向匈奴单于遣送公主和亲，并奉送大批财物。经过汉初的休养生息，汉武帝时期，汉朝国力强大，于是对匈奴发动了三次大规模战争，并取得了决定性胜利，终于解除了匈奴对北方边郡的威胁。

面对强大的敌人，如果无力反抗，那么避其锋芒、积蓄力量是最合适的选择。西汉初年匈奴力量很强大，而经过秦末农民战争和楚汉战争，西汉政权经济凋敝，国力薄弱，百废待兴，此外，国内的政局还不十分稳定。与匈奴的和亲政策换取了边境的相对安宁，使汉初残破的社会得以发展壮大，经济逐渐恢复，国内成功推行削藩政策，加强了统一，巩固了政局。汉武帝时期，国家终于富强，为反击匈奴做好了充分的准备。如果没有汉初的和亲政策换来和平的发展机会，后来汉朝就不可能有足够的国力打败匈奴。

现代社会是一个市场化程度越来越高的社会，到处都充满了竞争。竞争依靠的不仅仅是实力，更是处世的智慧。面对强大的对手，最好的竞争力不是打败对手的能力，而是避开正面竞争的能力。

现代连锁超市的开创者是美国的凯马特公司，但发展最好的却是沃尔玛公司。凯马特在竞争中节节败退，于是准备了成百上千种特价商品，宣称每件商品的价格都低于对手。沃尔玛立即应战，对相应的商品打折销售，使价格与凯马特持平甚至更低。不久，在这样的价格战中，凯马

面对强大的对手，最好的竞争方法不是直逼对方的优势之处，而是要避开正面交锋，抓住对手的弱点和盲点进行突击，才有可能取得胜利。

特很快就顶不住了。而凯马特物流管理跟不上，宣传的特价商品供货不足，经常出现缺货，顾客对此怨声载道，结果凯马特不但赔钱，还损害了自己的声誉。

美国的另一家连锁超市塔吉特就聪明多了。塔吉特调查市场时发现，折扣超市的目标顾客多为女性，而中等以上收入的女性对沃尔玛市场的商品、环境、服务都不太满意。塔吉特于是把自己的连锁超市定位为“高级商品的折扣店”，超市的购物环境明显好于沃尔玛，专门出售档次稍高的商品。这种策略十分成功，塔吉特公司迅速发展成为美国的零售巨头。

在激烈的市场竞争中，行业内的领袖总是会有巨大的优势。价格战比拼的是综合实力，运营成本和供应链管理正是沃尔玛得以取胜的法宝，这使沃尔玛的综合成本低于对手，也能够承受价格战的压力。凯马特发起的价格战，等于拿自己的弱点跟对手的强项竞争，自然会一败涂地。

避免正面竞争，才能保存实力。与实力悬殊的对手对阵，如果不掌握策略，一味正面抗衡，只会被对手迅速打败。过程虽然悲壮，手段却不足取。避开正面竞争，是为了给自己一个发展实力的时间和机会，等到有了足够的力量，再打一个漂亮的翻身仗。

避免正面竞争，并不是放弃竞争，而是想清楚怎样聪明地竞争。再强大的对手也会有顾及不到的弱点，再敏锐的对手也会有看不到的盲点。聪明的竞争者，会抓住对手的弱点和盲点，打对手一个出其不意，取得最终的胜利。

人生处世感悟

我表面谦虚，其实很骄傲，别人天天保持现状，而自己老想着一直爬上去，所以当我做生意时，就警惕自己，若我继续有这个骄傲的心，迟早有一天是会碰壁的。

——李嘉诚

第十章

借势

麻雀攀高枝，依靠贵人巧办事

荀子在《劝学》中说：“假舆马者，非利足也，而致千里；假舟戢者，非能水也，而绝江河。君子生非异也，善假于物也。”“善假于物”，就是“借势”。一个人的力量终究是有限的，要想取得非凡的成就，仅靠一个人的力量太微薄了，不足以成大事。

成功的关键，就是周围的各种资源，只要能为我所用的，都可以借来一用。合理的借势，是一种不可缺少的成功谋略。

处世攻略

077 流言颠倒是非，口碑提升名誉

现代社会是一个信息社会，舆论的作用极大，适当地借助舆论的力量，使自己拥有良好的个人口碑，做什么事情都会顺利。

元朝末年，朝廷腐朽残暴，民不聊生。河北有个叫韩山童的人，组织了秘密宗教——白莲会，聚集了不少苦难的民众。韩山童利用教众散布说："现在正值天下大乱，佛祖将会派弥勒佛下凡，拯救受苦受难的老百姓。"这时候，黄河决口，朝廷征发了15万河工治河。朝廷拨下来的治河经费都被官吏贪污克扣，治河河工被逼日夜干活，却没有一分钱工钱，连饭也吃不饱，一时间天怒人怨，百姓怨声载道，不满情绪达到了极点。

韩山童看到时机成熟，派几百个教徒四处散播民谣："莫道石人一只眼，挑动黄河天下反。"并事先派人在河中埋下一个独眼石人。不久，治河工程到了黄陵冈，疲惫的河工突然挖出一座石人，石人只有一只眼。这件事在十几万河工中传播开来，传说中的民谣应验了，天下造反的日子来到了。韩山童趁机聚众起义，黄河附近的河工和百姓已经被石人和民谣鼓动起来，纷纷投奔韩山童的队伍。

在旧社会，每到农民起义，往往会借助民谣和神明的力量，韩山童也不例外。起义需要发动群众，韩山童深知这一点，于是巧妙地利用民众的心理，达到了这一目的。韩山童在起义的前期，准备得十分周密。他首先利用弥勒佛下凡的传说，给河南和江淮一带的穷苦百姓一丝希望；然后散布民谣，埋下石人，在民众心中埋下铺垫。等到独眼石人出世，舆论已经被点燃，起义造反也就能获得人们的支持了。

古语云："众口铄金，积毁销骨。"舆论的作用极大，众口一词，积非成是；流言可畏，能颠倒是非，置人于死地。反过来，积极利用舆论的力量，能够帮助你立于不败之地。

阿里巴巴旗下的淘宝，曾经以小搏大，凭借免费开店的模式，打败了 eBay 公司，成为互联网 B2B 行业的老大。2006 年，阿里巴巴的老板马云认为，淘宝的行业老大地位已经很稳固了，可以尝试对少量用户收费。5 月 10 日，淘宝推出竞价排名服务，名为"招财进宝"，让卖家通过竞价的方式把货品罗列到搜索结果的前面。

不料，淘宝的大量用户并不买账，纷纷抗议。原来，网络是一个特殊的平台，不付费竞价的商品被排在数百个商品之后，几乎没有任何成

古语云："众口铄金，积毁销骨。"舆论的作用极大，众口一词，积非成是；流言可畏，能颠倒是非，置人于死地。

交量。用户激烈的反对声音出乎马云意料，这事情该如何收场呢？聪明的马云认为，既然是网络舆论反对，干脆采取用户网络投票的办法，结果完全让卖家来决定。最后的投票结果是127872票反对保留该服务、81322票赞成保留，于是淘宝放弃了“招财进宝”业务。

淘宝的竞价排名，在互联网行业其实并不罕见，著名的搜索引擎百度就提供了这一服务，并取得巨大的成功。淘宝的如意算盘是：愿意付费做广告的用户可以得到排名靠前的服务，不愿意付费的也可以照样开店，只不过排名靠后一些。这样淘宝就可以不知不觉地增加收入。不料，习惯了免费的用户对此十分敏感。在互联网行业，网络民意是成功的基础。在这种情况下，淘宝的新策略事实上已经失败。关键时刻，淘宝采取用户投票的方法，化被动为主动，不但体面地放弃“招财进宝”业务，还博得了尊重用户的美名，赢得了用户的口碑，可谓败中求胜。

历史上，交战之前，首先要做的便是发布檄文，力图在舆论上压倒对方，破坏敌人的民意。历代的民间起义，也十分注重宣传口号，引导舆论拥护自己。最终的胜利者，总是那些掌握了民众心理、受民众爱戴的人。

适当地借助舆论的力量，甚至能够决定事业的成败。在生活中，舆论表现为人际圈子中一个人的口碑。现代社会是一个信息社会，信息传播十分快捷。能够搞好人际关系、口碑好的人，别人会愿意与之共事，做什么事情都会顺利。

人生处世感悟

胆小的伪君子把白的说成灰的；胆大的伪君子把黑的说成灰的，颠倒黑白最成功的不是颠倒黑白，而是没有了黑白。

——李敖

处世攻略

078 麻雀攀高枝，依靠贵人巧办事

充分调动周围的一切资源，尽可能快速地发展自己，使自己更强大，是最有效率的处世方式。

三国时期，曹操率领大军南下，击败刘备，占领新野。刘备想占领南郡作为据点，曹操亲率5000精兵星夜追击，在当阳长坂大破刘备军队。刘备只好退回夏口，派诸葛亮出使东吴，联合孙权抗击曹操。

诸葛亮见到孙权后，孙权已接到曹操劝降的书信，信上说："今治水军八十万众，方与将军会猎于吴。"孙权态度犹豫。诸葛亮分析了时局，劝道："曹操只是虚张声势，并非不可战胜。如果孙刘联合，必能胜曹。"孙权在周瑜和鲁肃二人的支持下，最终下定决心，联合刘备与曹操作战。孙、刘联军以少胜多，在赤壁之战中大败曹军，迫使曹操退回中原。

赤壁之战前，曹操军队势如破竹。孙刘两军如果独自作战，都不是曹军的敌手。两家面临着唇亡齿寒的风险，必须借助对方的力量，才能抵抗曹军的攻势。如果两家不联合，就会一个一个地被曹军吞并。其中的利害，双方都是心知肚明，联合是必然的。最终，孙刘结成同盟，终于打败曹军，三国鼎立的局面也逐渐形成。

现代社会充满竞争，也充满合作和机遇。个人永远是弱小的，只有合作才能取得大的发展。因此，最有效率的处世方式，不是一味地追求自力更生，而是充分调动周围的一切资源，尽可能快速地发展自己。

2003年，分众传媒首创中国户外视频广告联播网络，以精准的受众定位和传播效果，获得消费者和广告客户的肯定。这时，另一家公司聚众传媒也迅速效仿了这一做法。两家公司业务内容十分近似，双方各以北京和上海为根据地，展开激烈的市场竞争。

2005 年，分众传媒率先在美国纳斯达克上市，当时总资产为 1.72 亿美元，成为海外上市的中国纯广告传媒第一股，创造了当时的 IPO 纪录，是纳斯达克中国上市公司龙头股。分众传媒的董事长江南春还通过聚众传媒的战略投资者大摩等公司，说服聚众传媒董事长虞锋放弃上市打算，与分众传媒合并。分众传媒借助资本的力量，又收购了卖场电视广告商玺诚传媒、网络广告服务商好耶，后又买下科思世通、创世奇迹、嘉华恒讯等数家二三线互联网广告公司，加快了整合传媒行业的速度，实现了打造超级广告平台的计划。

所谓的求人帮忙，并不是见不得人的事情。你需要别人帮助时，也许别人也正好需要你的合作。有些事情在自己看来非常难，在别人眼中却易如反掌。就如同分众传媒的上市，分众传媒需要金融市场的资金帮助自己发展，股民也同样需要一家成长性好的公司来投资。这样的帮助，其实是双方的互惠互利——分众传媒得到了急需的大量资金，股市的投资者得到了投资赚钱的机会。如果只靠自己一步步积累，在这个快节奏的商业社会中，只会让自己丧失大好的发展机会，永远落后于时代的脚步。

人生处世感悟

要开始有目的性的去选择朋友，社会中的人脉非常的重要，不要轻易的交朋友，但是想交朋友，你就要对他们付出真诚，你对别人好与不好，别人也都清楚地看得到。用自己的真诚与那些有思想的优秀人交朋友吧！

——杨澜

处世攻略

079 蹬着贵人的肩膀往上爬

与巨人合作的机会十分难得，千万不能贪图一时一刻的利益，要想办法站在巨人的肩头，珍惜来之不易的机会，最大化地发挥自己的特长。

商朝末年，姜子牙出世，家境已经败落，年轻的时候干过宰牛卖肉的屠夫职业，也开过酒店卖过酒。平时一有时间，姜子牙就勤奋读书，刻苦学习天文地理、军事谋略，研究治国安邦之道，期望有一天能够施展才华。

虽然姜子牙胸中有大志，无奈一直未逢明主，抱负不得施展。姜子牙曾在商朝当过小官，但纣王昏庸，姜子牙只好辞官，离开商都朝歌，隐居起来。姜子牙静待多年，当他 83 岁时，周文王到访，在文王诚意十足的请求下，姜子牙同意出山，他被授官辅佐文王。文王死后，周武王仍重用姜子牙。姜子牙老年得志，励精图治，发展西周国力，最后率军大败商军于牧野，帮助武王建立了周朝。

事实证明，君主需要有才能的臣子，臣子更需要一个好的平台，才能施展抱负。姜子牙是西周的最高军事统帅、开国元勋，他治国有方，修文练武，才能自然是极高的。然而，在没有遇到周文王之前，他没有施展拳脚的地方，居然沦落到宰牛、卖酒为生。商朝的朝廷无疑是一个不好的工作平台，姜子牙不甘心才华被埋没，只好隐居起来。如果不是周文王慧眼识英才，也许姜子牙的一生就这样默默无闻过去了。

世界上有能力的人很多，有潜力的公司也很多，但真正发展壮大的并不多。究其原因，并不是他们不努力，只是缺少一个供自己起飞的平台。许多人像姜子牙一样，空有一腔热血，只是择主不遇，只能半生寒微。这时候，就要动心忍性，观察风云变幻，静待时机出现。一旦机会来临，应当珍惜来之不易的机会，发挥出自己最大的能力。

1975年，19岁的比尔·盖茨从哈佛大学退学，和他的高中校友艾伦在一家旅馆房间里创建了微软公司。公司创立初期只是以销售BASIC解译器为主。转机在1980年出现了，IBM公司请微软公司为其新PC机编写关键的操作系统软件。这是公司发展中的一个重大转折点，微软以5万美元的价格从西雅图的一位程序编写者手中买下了一个操作系统QDOS的使用权，在进行部分改写后，形成了自己的MS-DOS操作系统，提供给IBM。盖茨以很便宜的价格向IBM出售了MS-DOS操作系统的使用权，这项交易使双方都很满意。

与巨人合作的机会十分难得，千万不能贪图一时一刻的小利，而失去千载难逢的好机会。借助巨人的外力，让自己也成为巨人。

当时的IBM公司计算机市场占有率很高，其他PC制造者都希望与IBM兼容，于是MS-DOS操作系统也立刻占领了市场，其他的计算机生产企业不得不为了购买MS-DOS操作系统而付给盖茨巨额的使用费。20世纪80年代中期，它成了PC机的标准操作系统。盖茨的计谋得逞了，微软的软件事业开始飞速发展。

目光长远的盖茨，站在了“蓝色巨人”IBM公司的肩上，利用一次不起眼的商业合作，实现了自己的跨越式发展。如今的微软已经是软件业的巨头，个人电脑软件开发的先导者，全球最大的电脑软件提供商。盖茨也许不是一个顶尖的程序设计师，但绝对是一个顶尖的商人。微软的起飞阶段，需要的并不单是资金，更重要的是发展机遇。盖茨利用一次软件合作的机会，将自己牢牢地绑在了IBM的平台上。

个人发展的机遇难寻，能够与巨人合作的机会就更不容易了。如果能够找到这样的机会，千万不能贪图一时一刻的利益。要想办法搭上巨人的快车，站在巨人的肩头，最大化地发挥自己的特长。这不仅是处世的智慧，更是人生的哲理。

人生处世感悟

一个创业者一定要有一批朋友，这批朋友是你这么多年来诚信积累起来的，越积越大，越积越大。像我帐号的财富，如果碰上很多资金上的问题，这就是每天积累下来的诚信。

——马云

处世攻略

080 尊重规律，做事才能得心应手

人生本来很简单，领悟了生活的道理，就能化繁为简，获得轻松的人生。其他的事情也是一样，只要尊重事物的客观规律，就能在做事时得心应手。

北宋年间，河中府（今山西省永济县）城外有一座浮桥，浮桥是用许多空木船排起来的，在两岸之间连起来，上面再铺上木板。为了不让浮桥移动，桥两端放了八只大铁牛，用来拴住浮桥。这座浮桥是河中府的交通要道。有一年，黄河发洪水，冲垮了浮桥，八只大铁牛也被冲到了河里。

洪水退后，官府准备重建浮桥。如果再铸大铁牛，既费时又费料，最好的办法是把河中的铁牛打捞上来。可是上万斤的大铁牛已经沉入河底，陷进泥沙之中，怎么才能打捞上来呢？河中府在城墙上贴了一张《招贤榜》，广请能人贤士打捞铁牛，造福百姓。

怀丙和尚看了《招贤榜》，决定打捞铁牛。他先请熟悉水性的人潜到水底，摸清了八只大铁牛的位置，然后指挥着船工，用两只大木船装满了泥沙，并排拴在一起，两只木船之间用木头搭了个架子。船划到铁牛沉没的地方之后，再派人带着拴在木架上的绳索潜到水底下，绑牢铁牛，收紧绳索，然后叫船工把船上的泥沙铲到河里去。随着船中泥沙的减少，船身一点一点地向上浮，陷在沙中的大铁牛慢慢被绳子拔出，悬在水中。怀丙让船工们把船划到岸边。这样来回反复八次，把八只铁牛全部打捞了上来。

河中府百姓无不称赞怀丙和尚智慧过人。怀丙和尚的过人之处，就在于利用了事物本身的规律。水有冲力，也有浮力，虽然水的冲力冲走了铁牛，但可以凭借水的浮力把铁牛捞起来。如果只依靠人力捞铁牛，是很难成功的。

有人觉得人生是复杂的，因为生活的变化实在是太多了。其实，什么事情都有自身的规律，人生本来很简单，领悟了生活的道理，摸准了其中的规律，就能化繁为简，获得轻松的人生。

20世纪80年代，苹果公司曾领导过电脑工业新潮流。早期的苹果公司鼓励创新，勇于冒险，公司也一直以这种独创精神为傲。在其创办初期，公司曾在楼顶悬挂海盗旗，向世人宣称“我就是与众不同”。然而正是这种价值观造就了苹果的成功，也预埋下了隐患。骄傲的苹果不是积极与PC厂商竞争，而是利用其技术优势，以更高的价格销售电脑。而PC机的性能不断提升，PC机上的操作系统和软件也越来越丰富。物美价廉的PC机销量开始快速上升，故步自封的苹果电脑却销售平平。

到了20世纪90年代，人们甚至已经忘记了苹果是领先的图形化操作界面计算机厂商，苹果电脑不再是行业的开拓者。1996年10月到1997年3月，苹果亏损1.24亿美元。1997年初，苹果濒临破产的边缘，不得不裁减1300名员工。

幸运的是，1996年，乔布斯回归苹果，力挽狂澜，不断推出新产品，让苹果重新成为创新型的公司。苹果公司渐渐远离了破产边缘，在市场中如鱼得水，快速发展起来。

计算机行业是个快速创新的行业。英特尔创始人之一摩尔曾提出著名的摩尔定律：每一美元所能买到的电脑性能，将每隔18个月翻两倍以上。这一定律显示了信息技术进步的速度。苹果公司的失利，是因为不遵守计算机行业的自身规律，不再以创新为自己的使命，从而被市场所抛弃。乔布斯回归苹果后，迅速调整发展战略，顺应数码产品发展规律，开发全新的产品，短短几年内，先后发布了革命性的产品 iMac、iBook、iPad，开设 iTunes 音乐商店，进军手机行业，发布 iPhone 手机。这些创新举措，找回了昔日不断创新、不断超越的苹果，被市场重新接受。

战国时期，道家代表人物庄周讲了一个故事：有个厨师替梁惠王宰牛，他的宰牛技术十分娴熟，刀子在牛骨缝里灵活地移动，没有一点障碍，而且很有节奏。牛的结构无疑是很复杂的，庖丁因为掌握了它的机理，就能一刀下去，刀刀到位，轻松简单。其他的事情也是一样，只要经过反复实践，掌握了事物的客观规律，就能在做事时得心应手，轻松自如。

人生处世感悟

中国古人讲：万变不离其宗。这个宗就是指合乎实际情况，合乎道理。变是一定要变的，这个世界本来就是丰富多彩的，千变万化的。

——李嘉诚

处世攻略

081 借别人的鸡下蛋

学会抓住趋势，是通往成功之路必学的功课。顺势而为，你所做的一切就能顺理成章，做事也会事半功倍。

公元698年，女皇武则天的身体状况越来越差，开始考虑继承人的问题。在她内心深处，李家和武家难以取舍。武三思等人是自己的同姓后代；李显、李旦两个儿子憨厚老实、为人谨慎，大臣们心中对李唐王朝还有很深的感情。武则天询问朝臣，立武三思为太子是否可行？群臣面面相觑，不敢回答，狄仁杰站出来说："天下的百姓都思念唐朝。北方边境遇险的时候，陛下曾经派梁王武三思去民间招募兵勇，一个多月时间，只召集了不到一千人。后来又让庐陵王李显去招募士兵，很快就招募到了五万人。如果要选择继承人，非庐陵王莫属。"

狄仁杰、王方庆等大臣还找机会规劝道："姑侄与母子，哪个更亲？如果陛下立庐陵王为太子，以后常享宗庙，世世代代享受子孙后代的供奉。立武三思为太子，肯定会供奉、祭祀自己的祖宗牌位，宗庙中就没有陛下这位姑母了。"武则天终于有所感悟。长安元年（701年）九月，武则天终于派遣徐彦伯迎庐陵王回长安，朝野大悦。

武则天的聪明之处，就在于能够顺应形势。天下百姓都希望日后能够恢复李唐王朝，大臣们用各自的方式，纷纷劝告武则天应当将帝位传给儿子。这样的局势，是天意、民意，是皇帝也不可违背的。况且，狄仁杰说的也有道理，如果武三思即位，武则天作为姑母，身份十分尴尬。武则天死后，归附到李氏的宗庙，与丈夫高宗的陵墓合葬，一代女皇最终还是作为唐朝的皇后进入了乾陵。

要如何顺势而为并抓住趋势，是通往成功之路必修的功课。有智慧、有远见的人，会在合适的时机作出行动，顺着当时的形势做出判断。

1981年，IBM推出了使用英特尔芯片的第一台台式个人电脑，受到市场的欢迎。其他公司迅速推出兼容IBM的个人电脑，IBM的PC机成为行业标准。不料，2004年，传出一个爆炸性的新闻，个人电脑的鼻祖IBM将PC业务以17.5亿美元的现金和股票卖给联想集团，吸引了全球的目光，并在美国引起了激烈的争论。

实际上，IBM是主动放弃了PC业务。IBM是一个以服务为导向的公司，历来都是高投入、高回报，IBM的大部分收入和利润来自电脑服务、软件和大型电脑销售。反观PC行业，已经逐渐进入了低成本、低利润的时代。IBM主动放弃PC业务，恰恰是顺应市场形势、对市场成熟把握的表现。

顺势要求一个人有所为，有所不为。顺势而为，不是随波逐流，而是水到渠成。对趋势的判断，不能简单听从外来的讯息，要运用自己的脑子思考，选择最好的想法和做法。

未来的趋势并非遥不可及，是和身边的生活息息相关，而我们正置身于其中。趋势不是一天造成的，而是一点一滴逐渐累积形成的。成功者就是能及早发现趋势、运用趋势的人。顺势而为，你所做的一切就能顺理成章，做事也会事半功倍。

人生处世感悟

在许多问题上我的说法跟前人大不相同，但是我的知识得归功于他们，也得归功于那些最先为这门学说开辟道路的人。

——哥白尼

处世攻略 082 发掘别人注意不到的资源

好的资源是有限的。事实证明，没有最好的资源，只有最适合自己的资源，主动发掘资源，为我所用，才是处世大智慧。

秦朝末年，韩信是一个平民，性格放纵而不拘礼节，常常依靠别人糊口度日，许多人都讨厌他。项梁起义后，韩信带剑投奔，始终默默无闻。项梁战败死后，项羽领军，项羽让他做郎中。韩信多次给项羽献计，但项羽不予采纳。刘邦入蜀后，韩信离开项羽投奔刘邦，刘邦先后让他做管理仓库和管理粮饷的小官，他依然不被人所知，还差点被夏侯婴斩首，但萧何十分赏识韩信。

韩信见汉王刘邦不能重用自己，就逃走了。萧何听说韩信逃走，来不及向刘邦报告便去追赶韩信，回来后极力向刘邦推荐韩信，认为他可以做大将，而且要汉王斋戒设坛拜将。刘邦答应了，全军看到韩信拜将，皆感惊讶。韩信分析了当时的局势，为刘邦制定了东征以夺天下的方略。刘邦大喜，从此对韩信言听计从。

韩信是一个军事天才。他在拜将时的局势分析，成为楚汉战争的根本方略。作为统帅，他率军出陈仓、定三秦、擒魏、破代、灭赵、降燕、伐齐，直至垓下全歼楚军，势如破竹，从无败绩。单是为后世留下的大量的战术典故就有：明修栈道、暗渡陈仓，临晋设疑，夏阳偷渡，木罂渡军，背水为营，拔旗易帜，传檄而定，沉沙决水，半渡而击，四面楚歌，十面埋伏等，其用兵之道，为历代兵家所推崇。这样的人才，为何在项梁、项羽军中都没有丝毫建树呢？因为项羽不能发掘出下属的优点，面对优良的人才资源却不予以重用，以至于在优势兵力下节节败退。而刘邦听从了萧何的建议，发掘出这位天才将领，给他最大的信任，终于让韩信有机会建功立业，帮助刘邦成就帝王霸业。

对于每个人，都希望拥有最好的成功条件，帮助自己一举成功。同样，对于企业，也希望拥有最好的资源，帮助自己迅速发展壮大。但好的资源永远是极其有限的，而且周围人都在盯着，发现了也很难进入你的手中。

海尔本来只是一个电冰箱工厂，在张瑞敏的带领下稳步发展。1991年，在青岛市的支持下，海尔合并了青岛电冰柜总厂和青岛空调器总厂，成立了海尔集团，进入了多元化发展战略阶段。20世纪90年代，是海尔集团高速发展的阶段，张瑞敏带领海尔迅速扩张。从20世纪90年代初开始的近10年间，海尔先后兼并了18个企业，并且都扭亏为盈。1995年7月，严重亏损的红星电器有限公司整体划归海尔集团，海尔仅仅用了3个月就实现了扭亏为盈。

在这些兼并中，海尔兼并的对象都不是什么优质资产，但海尔看中的不是兼并对象现有的资产，而是潜在的市场、潜在的活力、潜在的效益，如同在资本市场上买期权而不是买股票。海尔18件兼并案中有14个被兼并企业的亏损总额达到5.5亿元，而最终盘活的资产为14.2亿元，成功地实现了低成本扩张的目标。

海尔的企业兼并策略，被张瑞敏称为激活“休克鱼”策略。“休克鱼”指的是硬件先进但由于管理不善而濒临危机的企业。海尔在收购或兼并之前，进行了详细的考察，确认被兼并企业都是“休克鱼”，企业资源条件很好，只是企业思想、观念有问题，导致企业停滞不前。这种企业恰恰是优质资源，一旦注入海尔的管理思想，有一套行之有效的管理办法，很快就能够被激活起来，使其扭亏为盈。1998年，张瑞敏应邀前往哈佛大学讲课，海尔文化激活“休克鱼”的案例成为哈佛工商管理学院的教材，引起了国际管理界的强烈反响。

世上的愚笨之人，往往错失到手的资源；平凡的人，把握住到手的资源；而有智慧的人，创造适合自己的资源。刘邦抓住了手下最大的人力资源——韩信，从而以弱胜强，打败项羽，统一中国。海尔集团在自身还不是十分强大的情况下，主动出击，发掘出别人注意不到的资源，收入囊中，实现了企业的最大化扩张。事实证明，没有最好的资源，只有最适合自己的资源，主动发掘资源，为我所用，才是处世大智慧。

人生处世感悟

单个的人是软弱无力的，就像漂流的鲁滨逊一样，只有同别人在一起，他才能完成许多事业。

——叔本华

处世攻略

083 借力成事，四两拨千斤

要学会借自己的朋友、同盟的力量，找到与自己有利益共同点的人，用他人的力来为自己服务，以达到四两拨千斤之效果。

汉朝初年，汉高祖刘邦立长子刘盈为太子，封次子如意为赵王。后来，高祖见刘盈天生懦弱，才华平庸，便有意更换太子，废刘盈而立如意。刘盈的母亲吕后知道后，非常着急，但吕后当时已经失宠多年，她说的话在高祖面前也没什么分量，情急之下，她想起了足智多谋的张良，于是向张良请教。张良说，皇上想换太子的话，大臣是没有能力改变的。如今之计，可以找商山四皓，或许能改变皇上的想法。

有一天，高祖与太子刘盈一起饮宴，看见太子背后有四位白发苍苍的老人，一问之下，才知道是商山四皓。四皓上前向高祖谢罪道："我们听说太子是个仁人志士，又有孝心，礼贤下士，一齐来做太子的宾客。"高祖大为惊讶，于是打消了换太子的念头。刘盈后来顺利继位，为汉惠帝。

在人生的道路上，要善于借力成事，毕竟一个人的力量是极其有限的。俗话说"一个好汉三个帮"、"一个巴掌拍不响"、"众人拾柴火焰高"，这表明一个成功的人，必须善于借用他人的力量。

1871年，美国金融家古尔德掌握了美国市场上几乎所有可以交易的黄金，基本上控制了金价。但当时美国国库还有不少黄金，如果政府抛售黄金，必将打压金价。古尔德当然没有控制国库的力量，他处心积虑，找到了格兰特总统妹妹的丈夫柯尔平上校。

柯尔平在古尔德那里认购200万美元的黄金，只要黄金价格上涨，每周可以领到这些黄金的涨价费；如果黄金下跌，也要相应地进行赔偿。为了防止金价下跌，柯尔平利用妻子的关系，劝说总统不要抛售政府手中的黄金。古尔德又用同样的手段，保证了财政部不抛售国库黄金。通过这种方式，柯尔平赚了不少钱。

由于市面上黄金稀少，金价飞涨，最高时达到每盎司146美元，而且市场上还买不到，这使得美国国内一片质疑。格兰特总统迫于舆论压力，决定抛售国库黄金，平抑金价。柯尔平劝说总统暂缓一天宣布这一政策，然后马上把这一紧急情报告诉了古尔德。古尔德在这一天内，抛售了手中所有的黄金，净赚了2000万美元。

在集体中能求大同存小异，善于团结他人，让集体发挥出更大的力量。“人心齐，泰山移”，团结的集体才有凝聚力和战斗力。

古今中外，成功的商人都是极为重视结交与自己利益攸关的关键人物，以达到借势取利、借力成事的效果。结交与自己的利益息息相关的人物，借助他们的力量作为支持自己的后盾，必然无往而不胜。古尔德结交关键人物，才能借势取利，一天之内狂赚2000万美元。如果不借助他人的力量，断然不会有这样的结果。

对于一个人的事业而言，借力的作用更是不可小视。美国商界巨富洛克菲勒在信中鼓励儿子借钱发展："我所熟悉或认识的富翁中间，只靠自己一个人日积月累挣钱发达的人少之又少，更多的人是因借钱而发财，这其中的道理并不深奥，一块钱的买卖远远比不上一百块钱的买卖赚得多。"这句话让我们看到一个成功的大资本家是如何借力成事的。

借力是一个成功的法则，更是一种达到奋斗目标的智慧。从朋友那里借得力量来发展壮大自己，或者借助别人之力打击对手，这都是借力之术。不但要学会借自己的朋友、同盟的力量，还要学会找到与自己有利益共同点的人，用他人的力来为自己服务，以达到四两拨千斤的效果。

人生处世感悟

有了朋友，生活才显出它全部的价值；一个人活着是为了朋友；保持自己生命的完整，不受时间侵蚀，也是为了朋友。

——罗曼·罗兰

处世攻略

084 别错过生命中的贵人

胸怀大志的人，会主动寻求与有实力的强者合作，学习强者的处理风格、做事手段，事半功倍地解决问题。

汉朝初年，汉景帝的妃子王美人生了刘彻。这时景帝已有好几个儿子，其中栗姬生子最多。景帝本来最宠爱栗姬，曾与她私下订约，将栗姬生的长子刘荣立为储君。如今景帝又宠爱王美人，王美人想让皇帝立刘彻为太子，却苦于地位不高，不敢在皇帝面前乱说话。

此后，长公主找到机会，对景帝说："栗姬为人阴险狭隘，用邪术诅咒其他的妃嫔，如果当了皇后，必然祸乱后宫。"汉景帝半信半疑，试探着对栗姬说："朕百年后，你要善待后宫的妃子和他们生的孩子，千万不要忘了。"栗姬听了，脸色变换不定，半天不发一言，转过脸不看景帝。景帝离开后，隐约听到栗姬的哭骂声。景帝暗中叹气，相信了长公主的话，于是决意废去栗姬。

长公主平日与景帝闲聊，常常夸奖刘彻聪明仁孝，景帝动了心，于是废太子荣为临江王，改立刘彻为太子。这就是历史上有名的汉武帝。

王美人在后宫中处于弱势，人微言轻，如果直接竞争太子，不但不会成功，还会被汉景帝猜忌，招来后宫干政的恶名。王美人主动与实力雄厚的长公主合作，暗定婚约，结成了政治同盟。在长公主的帮助下，王美人轻易就达成了目标，儿子被立为太子，顺利即位为帝，王美人也成了后宫之主。

民间有句俗话说：跟臭棋篓子下棋，越下越臭。不敢找强者合作，只敢与弱者周旋的人，是害怕失败、害怕被拒绝的人，这种人往往不自信，久而久之，整日与低层次、低水平的人合作，自己也会变得越来越消沉，眼界越来越低，难成大器。

线上拍卖、购物网站 eBay 创立于 20 世纪 90 年代末期。当时，美国在线已经是著名的因特网服务提供商，是实力雄厚的网络巨头。当时的 C2C 网络拍卖刚刚兴起，美国在线有着更深、更好、更广泛的客户关系，eBay 羽翼未丰，网上社区还正在努力建设和完善之中。eBay 非常担心美国在线进入网上拍卖市场，为了避免出现这种不利的情况，eBay 反其道而行之，主动寻求与美国在线合作。eBay 给出每年上千万美元的高价，将 eBay 挂到美国在线的系统里，成为美国在线的个人拍卖业务独家提供商。美国在线允诺将 eBay 加入其网站关键词列表中，允许美国在线的注册客户键入“eBay”就能直接进入 eBay 网站。

与美国在线合作，表面上看是对方占便宜，实际上对 eBay 起到了一箭双雕的作用。一方面，eBay 借用美国在线的强大网络平台，宣传了自己的网站，是这场合作的受益方；另一方面，eBay 成功误导了对手，让美国在线觉得自己不用去做网上拍卖，也可以在这一领域赚钱。聪明的 eBay 以很小的代价，稳住了潜在的竞争对手，避免了与互联网巨头直接竞争，从而使自己受益无穷。

人生处世感悟

在我们四周，到处都可能发现自己的贵人，他们不一定是直接提拔你的尊长……所以，不要轻视任何人，也不要轻视自己，因为那平凡人可能是你的贵人，你也可能作为别人的贵人！

——刘墉

第十一章——

谋略

不战而胜才是最大的胜利

在人类历史上，为了掌控权势，为了驾驭他人，无数人把玩着谋略：沙场上金戈铁马，生死一瞬，需要的不仅仅是勇气和力量，智慧更不可少；谈判桌上唇枪舌剑，你来我往，进退之间慎重抉择；生意场上尔虞我诈，明争暗斗，洞敌先机才能一招制敌；仕途之中，现身与引退更需有勇有谋……

处世攻略 085 逢人且说三分话，未可全抛一片心

吐露真言需要极高的技巧，运用得好，可以成就你的一生美名，反之，有可能毁掉所有的计划。谨慎行事的关键在于内心的节制，要做的事不要讲出来，讲出来的事不要照做。要让你的行动没有单一的解释。这会让你的对手茫然不知所措，产生错误的判断。

公元前655年，晋献公把大女儿许配给秦穆公，晋献公还送了一些奴仆作为陪嫁，有一个奴仆叫百里奚。他是虞国的亡国大夫，很有才华。晋献公本想重用他，但百里奚却宁死不从。无奈之下，晋献公让他做了陪嫁的奴仆。

谁知在陪嫁队伍去往秦国的途中，百里奚却偷偷逃走了。秦穆公身边有一个武士叫公孙枝，他向秦穆公推荐说百里奚是一位不可多得的贤才。于是，秦穆公一心想找到百里奚。

百里奚慌乱中逃到了楚国的边境线上，楚兵见这个六七十岁的老头子一副老实相，不像个坏人，就把他留下来看牛。百里奚有一套牧牛的本领，把牛养得都很肥壮，大家给他送了个雅号——“放牛大王”。百里奚又被安排去牧马。后来，秦穆公打听到了百里奚的下落，准备了一份厚礼，想派人去请求楚成王把百里奚送到秦国来。

公孙枝说：“这可使不得。楚国让百里奚看马，是因为不知他是个贤能之士。如果您用这么贵重的礼物去换他回来，不就等于告诉楚王，你想重用百里奚吗？那楚王是很难放他走的！”

秦穆公想想也是，问道："那该怎样把他弄回来呢？"

公孙枝答道："应该按照现在一般奴仆的价钱，花五张羊皮把他赎回来。"

秦穆王命一位使者去见楚王，说："我们有个奴隶叫百里奚，他犯了法，躲到贵国来了，请让我们把他赎回去办罪。"说着献上五张黑色的上等羊皮。

楚成王想都没想，二话不说，就让秦国使者把百里奚给带了回去。百里奚拜见秦穆公后，秦穆公想请他当相国。百里奚推荐了自己的朋友蹇叔和蹇叔的儿子西乞术、白乙丙。秦穆公拜蹇叔为右相，拜百里奚为左相。没多久，百里奚的儿子也投奔到秦国来，被秦穆公拜为将军。秦穆王在百里奚及其他几位贤人的辅佐之下，成为了一代明君。

秦穆公通过隐瞒自己的战略意图，成功实现了"招徕人才"的战略目标。

吐露真言和诚实都需要技巧，运用得好，就会让你事半功倍，成就一世美名；运用不好，可能会让你前功尽弃。让别人看不到你内心的真实想法，隐瞒自己的真实目的，这样才能让自己成功地达到目的。

俾斯麦35岁时，担任普鲁士国会的代议士，这一年是他政治生涯的转折点。俾斯麦一生都在追求普鲁士的强盛，梦想统一德国。当时奥地利是德国南方强大的邻国，一直在威胁着德国的统一。

俾斯麦是一个典型的好战分子。他最著名的政策就是"铁血政策"。但令所有人惊异的是，这样一个好战分子在国会上居然主张和平。

在国会上，他盛赞奥地利，为奥地利的行动辩护，这与他一向的立场简直是背道而驰。这让很多支持战争的议员感到很迷惑，不过最后因为俾斯麦的坚持，还是避免了战争。

由于俾斯麦为和平摇旗呐喊，国王委任他为内阁大臣。几年之后，俾斯麦成了普鲁士首相，这时他觉得时机已经成熟，对奥地利宣战，摧毁了原来的帝国，统一了德国。

为什么当初俾斯麦赞成和平，而后来却主张战争呢？因为他意识到普鲁士的军力还不够强大，并不适合发动战争。如果战争失利，他的政治生涯就结束了。他渴望权力，对策就是持和自己意愿相反的主张，发表那些违背自己意愿的言论，瞒骗众人。正是因为俾斯麦的这番言论，软弱的国王才任命他为大臣，他才得以迅速爬升为首相。一旦他获得了权力，就用武力统一了德国。

俾斯麦是有史以来最聪明的政治家之一，他善于权谋。在主张和平这件事上，没有人怀疑他的居心，如果他表明了自己真正的意图，就不会有日后德国的统一。

许多人只要有机会就把自己暴露在别人的面前，把自己的计划与意图全盘托出。诚实没有错，但是要考虑到不同的环境和不同的对象。诚实在某些特殊情况下是一把钝器，只能让你受尽折磨。

隐藏自己的意图，能让你在与人交往的过程中更容易掌握主动权。表面上支持一项违背个人意愿的主张会让对手理不清头绪，因而在算计中犯错。这是一种声东击西的有效策略。

人生处世感悟

人生是一场赌博，唯有聪明人才能赢；所以第一要看清敌人的牌而不能泄露自己的牌。

——罗曼·罗兰

处世攻略 086 扬长避短，把弱势变为优势

世间万物都不会完美无缺，每个生灵都有自己独特的天赋，将自己的长处发挥到极致，不要在“人无完人”的感叹中虚度光阴。只有扬长避短，把弱势变为优势，才能取得成功。

战国时，齐国大将田忌经常与齐王及宫廷贵族们押赌赛马。每次比赛都押下黄金百两的赌注。可是他却屡遭失败，这让他很是苦恼。

一天傍晚，田忌家来了位风尘仆仆的客人，此人虽着一身布衣，但气度不凡。他名叫孙膑，刚从魏国逃到此地。酒席上，两人相谈甚欢。一谈到打仗，田忌就神采飞扬，孙膑那睿智的谈吐和惊人的韬略，也让田忌兴致勃勃。酒过三巡，田忌不由自主地向孙膑提起了赛马的事情，说出自己的苦恼。

孙膑听他说完，沉思片刻道：“这件事情很容易解决，下次你把赌注翻上三番，我保证你会赢！”

又到了比赛的那天，田忌当众押了1000两黄金。齐王和那些王公贵族们都笑话他道：“看来他是输急了，这次会输得更惨，看着吧！”

当时的赛马方法是：参赛者都要将各自的马分成上、中、下三等，而后依次轮赛，上等对上等，中等对中等，下等对下等。比赛完毕，只要能两次名列前茅，就算赢。

孙膑走近田忌，下等马对他们的上等马，再用上等马对他们的中等马。

田忌一听，觉得真是一条妙计，便连忙吩咐手下的人如此这般地作了安排。比赛结果不出所料，田忌胜了两场，稳稳地拿走了1000两黄金。

任何事物都具有两面性，而事物的这两个方面又是可以相互转化的。没有永远的强大，也没有永远的弱小；没有永远的胜利者，也没有永远的失败者。

我们有时会处于弱势地位，有时也可能会处于强势地位。但无论当时处于何种地位，都无关紧要，因为这种地位不是一成不变的。弱势可

虽然身体有缺陷，但身残志不残的人一样可以成为出色的人。

缺陷也可以作为一种人的资源，只要能够正确认识自己，善于扬长避短，化短为长，将弱势变为优势，便能取得成功。

以转化为强势，强势也可能会转化为弱势。在事情的发展过程中要做的是：尽最大努力把自己的弱势转化为强势，并且保持住它。

英国航空公司是世界上老牌的航空公司，但后起之秀英国维珍航空采用“田忌赛马”的战术向英航发起挑战。英航的头等舱设施豪华，如果与之硬拼，维珍根本尝不到甜头，维珍打破航空业的惯例，取消了飞机上的头等舱，把以前用于头等舱的投资全部用于商务舱，安装大规格的睡椅，将商务舱的水平改造得远远超过英航商务舱的标准，并通过服务创新，不仅吸引了维珍本身的商务旅客，还将英航及其他竞争对手经济舱旅客都吸引过来，此举令维珍大赚特赚。

在与竞争对手英国航空公司实力悬殊很大的时候，维珍航空没有采取强攻的手段，而是扬长避短，把自己的弱势转化为优势，同时将优势发挥到极致，从而获得了巨大的成功。

任何事情都可以向相反的方向转化，当你处于弱势的时候，不要颓废，振作起来！积极地采取行动，清楚自己的处境，巧妙地将自己的弱势转化为优势。

人要获得成功，当然要经营自己的长处，让自己的人生增值，但是这不意味着要对自己的缺陷讳莫如深。缺陷也可以作为一种人的资源，只要能够正确认识自己，善于扬长避短，化短为长，将弱势变为优势，便能取得成功。

人生处世感悟

人，第一要有志，第二要有识，第三要有恒，有志者断不甘为下流。

——李嘉诚

处世攻略

087 找准软肋，击中对方要害

做任何事情都要有不断变化发展的方法，只有这样才能迷惑他人，尤其可以迷惑你的对手。高手下棋，自己的招数决不会让别人想到，更不会让对手牵着自己的鼻子走。要通过变化，在他人无准备的时候采取行动，攻其不备，以取得“出其不意”的效果。

公元679年的一天，唐朝的单于都护（官职名）萧嗣业的粮车遭到突厥（西北少数民族）首领阿史德温傅率领的一支叛军的劫杀，损失惨重。唐高宗很生气，所以在第二年，任命裴行俭为定襄道行军大总管，率军前去讨伐突厥人。

裴行俭领兵来到朔州（今山西省朔县）时，叫士兵拉来300辆大车，又挑选了1500名手持大刀强弩的精兵，对他们说：“以前萧嗣业的军粮大多被突厥人抢劫去，所以兵败。现在，突厥还会来这一套的，我们要出其不意，方能打败敌人。”这些精兵领会大总管的意思，镇静地藏进粮车之中。裴行俭让一支部队埋伏在粮车必定经过的险要之处，等待战机。

突厥的部队远远望见唐军的运粮车又到，喜出望外地说：“唐军又来了！而且竟然是一些老弱残兵在运粮……”于是闪电般冲上前去。押车的老弱残兵，一见来势凶猛的突厥兵，故意惊慌地丢下“粮车”，抱头逃窜而去。

突厥兵驱赶着“粮车”凯旋而归。来到一个碧泉涓涓流动、绿草生意葱茏的地方，他们解开马鞍，让马去喝水吃草。

这时，突厥兵说："让我们看看这次劫了多少粮食吧！"他们纷纷过去打开粮车。突然，从车中跃出一个个骁勇无比的唐军，突厥军大惊失色，一时手足无措，当场就被砍下无数脑袋。剩下的赶忙夺路而逃。窜到险要之处，猛听得一阵鼓声。又闪出一支唐军，前后夹击，把这批抢粮的突厥兵杀死大半。后来突厥兵再见到运粮车，就不敢轻易接近了。于是，裴行俭运粮畅行无阻，粮草充足，终于打败了敌人。

本来唐朝的军队遭遇了失败，胜算的把握并不大，军队的士气受挫，但裴行俭认真分析当时敌我双方的优势和劣势，出其不意地攻击敌人，竟然迅速地扭转了战争的局势，反败为胜，不得不令人称奇。在敌人没有准备时，发动突然袭击，就会使敌人手足无措，以致仓促迎战，结果兵败连连。

在对方毫无心理、物质种种准备的状态下，给予迅速的攻击，是一种高明的战略。生活中唯有时时刻刻保有高度的警觉性，才能面对突发的事故。

"攻其无备，出其不意"在商场的营销中也有很积极的意义。很多时候，要想占据主动，就需要想办法突破竞争对手或者客户群体的心理防备，让其接受自己的宣传，以便达到目的。

1996年，当外观酷似一只小鸟的品牌LOGO第一次出现在中国的体育用品市场上时，很多国内消费者还不能准确地念出该品牌的名称。经过十多年的在华发展，美津浓（Mizuno）将自己的产品线涵盖到几乎全部运动项目，从运动衣、泳装到棒球、棒球手套及高尔夫球杆无所不及。

美津浓的巨大成功在于它出其不意的营销策略——在美津浓公司销售的每件运动内衣袋子里都附有一张纸条，纸条上写着这样的话语：这个运动内衣在日本是用最优质的染料，用最高超的技术染色。但遗憾的是茶色的染色还没有达到完全不会褪色的境界，还是会稍微褪色的。

这种“露丑”行为，在同行竞争者看来无疑是玩火自焚，在这个吹嘘和粉饰的社会里，人们都巴不得往自己脸上贴金，谁会自己给自己抹黑？可事实却很是出人意料，美津浓非但没有死得难看，反而活得更加光鲜亮丽。

做任何事情都要有不断变化发展的方法，只有这样才能迷惑他人，尤其可以迷惑你的对手。不能每次都按一种方法行事，这样的话，他人将能预见到你的行为方式，并横加阻拦，增加你失败的机会。

“攻其无备，出其不意”在人际交往中也有积极的意义。有时，与人交往是一件复杂的事情，尤其是双方对某一问题各执己见时，更是如此。在这种情况下，要想占据主动，就需要想办法突破对方的心理防备，使其乖乖地顺从自己的意思。

人生处世感悟

一个人要学习接受失败，利用倒下的时间喘气，并思考再攻击的方法。

——刘墉

处世攻略

088 攻心为上，从心理上控制对手

每个人的行为都受意识的支配，如果你能用自己的言行，攻破别人的内心，就等于让别人的意识在你的影响下进行。这样，控制对方、战胜对方就不是什么难事了。

宋朝军队收复燕山失败后，有一个叫李复的将领带领一些散兵游勇在山东一带叛宋作乱。韩世忠奉命围剿。当时李复有数万人马，而韩世忠只带了不足千人的小部队，兵力相差悬殊，韩世忠却并不畏惧。行至临淄河，他把队伍分成 4 队，在归路上布置了许多铁蒺藜，告诉全军将士："进则胜，退则死，谁要逃跑，我就命后队剿杀。"众人见退路已绝，全都尽力冲杀，视死如归。李复虽兵多将广，却是乌合之众，抵挡不住韩世忠部队的拼杀，很快就被攻破，李复被斩首，残余的敌兵逃到宿迁。

韩世忠率兵追赶，这时乱兵尚有 1 万多人，宰牛饮酒，毫无章法。韩世忠决定亲自去劝降。他单骑驰入敌营，大声呼喊："大军已到，你们如弃甲束戈，我可以保证你们不被治罪，一起为国家效力。"这些败兵已经见识过韩世忠所带部队的异常勇猛，惶恐骇栗，跪着向韩世忠进奉牛酒。韩世忠下马解鞍，从容地饮酒食肉，败兵无不为他的气度胆略折服，于是全都投降了。翌晨，并未见有大军攻到，才知道中了韩世忠"攻心"之计。

韩世忠懂得在敌强我弱的形势下，"必欲置之于死地而后生"的道理，也善于利用"攻心"术，自塞归路，激励战士奋勇拼争；对待溃散之敌，他也采用类似策略，晓以利害，使已绝望的乱兵自动归降。

“攻心为上”，曾是历代兵家克敌的有力武器，在人际交往中也要注意运用“攻心”的谋略。人的思想是很神奇的，它指挥着每个人的每个行为。思想发生变化之后，随之而来的行动便会发生变化。善于“攻心”，将别人的大脑指挥中枢掌握在你的手中，指挥别人的每一步行动，这才是最为有效的。

第二次世界大战时，丘吉尔在圣诞节的时候去了美国，希望美英结盟，对德作战，以扭转英国面临的危险局面。可是，当时美国人对英国人并无好感，反对介入战争。于是，他用情感打动了所有美国人的心，使他们同意支持政府援助英国，参加对德作战。

他的演讲词是这样的：“我远离祖国，远离我的家，在这里欢度这一年一度的佳节。但确切地说，我并不觉得寂寞和孤独。或者是因为我母亲的血缘关系，或许是因为在过去许多年的充满活力的生活中我在这里得到的友谊，或许是因为我们伟大的人民在事业中所表现出来的那种压倒一切其他的友谊的情感，在美国的中心和最高权力所在地，我根本不觉得自己是个外来者……因此，我们至少可以在今天晚上把那些困扰我们的各种担心和危险搁置一边，并在这个充满风暴的世界里，为我的孩子准备一个幸福的夜晚，那么，此时此刻，在今天这个夜晚，讲英语的世界中的每个家庭都应该是一个亮光普照的幸福与和平的小岛。”

丘吉尔从两国人民共同的语言、宗教信仰、理想及长期的友谊入手，将这些共同点作为前提，用讲英语的家庭都应过一个和平安详的圣诞节这样的话语，打动了美国人民的心，他的讲话具有很强的震撼力，终于使他们由反战转入参战。

在和对手交手时，强迫对方往往不会起到什么好作用。诱导别人自愿朝着你的意愿移动，才能达到真正的成功。诱导别人的方式就是操弄他们个人的心理弱点，在他们的情感上下功夫，软化他们的抗拒，这样才能使他们拥护你。

要争取对方的心，最迅速的方法就是尽量以最简单的方式向他阐明你的行动会让他们得到什么好处。自我利益是最强烈的动机，伟大的主张或许会俘获人心，然而一旦最初的激动平息后，利益才是根本。

人生处世感悟

假如今日，如果没有那么多人替我办事，我就算有三头六臂，也没有办法应付那么多的事情，所以成就事业最关键的是要有人能够帮助你，乐意跟你工作，这就是我的哲学。

——李嘉诚

处世攻略 089 抓住机遇，该出手时就出手

错误的时机做出错误的决断，必然酿成灾难性结果；错误的时机做出正确的决断，可能因遭致抵制而使行动受挫；正确的时机做出错误的决断，结果同样遭受损失；在正确时机做出正确的决断，必然走向成功。

公元383年，前秦统一了黄河流域地区，势力强大。前秦王苻坚坐镇项城，调集90万大军，打算一举歼灭东晋。苻坚派其弟苻融为先锋攻下寿阳，初战告捷。苻融判断东晋兵力不多并且严重缺粮，建议苻坚迅速攻击东晋。苻坚闻讯，觉得现在拿下东晋是轻而易举的事情，便不等大军齐集，立即率几千骑兵赶到寿阳。

东晋将领谢石得知前秦百万大军尚未聚齐，苻坚只是几千骑兵前来，决定抓住时机，迅速地击败对方。谢石先派勇将刘牢之率精兵五万，强渡洛涧，杀了前秦守将梁成。刘牢之乘胜追击，重创前秦军。谢石率师渡过洛涧，顺淮河而上，与驻扎在寿阳的前秦军隔岸对峙。苻坚见东晋阵势严整，立即命令坚守河岸，等待后续部队。谢石看到敌众我寡，必须速战速决。于是，他决定用激将法激怒骄狂的苻坚。苻坚决定暂退一箭之地，等东晋部队渡到河中间，再回兵出击，将晋兵全歼水中。他哪里料到此时秦军士气低落，撤军令下，顿时大乱。这时指挥已经失灵，几次下令停止退却，但如潮水般撤退的人马已成溃败之势。

这时谢石指挥东晋兵马，迅速渡河，乘敌人大乱，奋力追杀，前秦先锋苻融被东晋军在乱军中杀死，苻坚也中箭受伤，慌忙逃回洛阳，前秦大败。

在古今战争中，每一位军事家都强调“兵贵神速”、“速战速决”的作战道理。特别是进攻性作战，军需消耗巨大，运输任务艰难，久战不下必然劳民伤财，不久将国库空虚。不仅使国家的经济负担加重，而且还会使士气锐减，军心涣散，给敌人以可乘之机。

只有抓住机遇的人才能进一步改变历史。这一次机遇，被谢石紧紧地握在手里，正是谢石当时的果断迅速出手，改变了当时中国的历史走向。

在“9•11 事件”发生后，GE 公司 CEO 杰夫・伊梅尔特展现出惊人的决断力。当他得知公司的两名员工在这起事件中遇难后，首先派人去处理遇难员工的后事，又亲自给遇难者亲属打电话表示哀悼。同时，当机立断，把公司最好的医疗仪器和设备以最快的速度送往全市所有医院，有的甚至是免费赠送，以此树立企业良好的对外形象。接下来，他重新考虑公司年度计划，迅速部署公司下一步战略，致使 GE 公司在这场大灾难面前，不仅没有打乱阵脚，还有条不紊、应对自如，并且化危机为商机，赢得了人们的广泛赞誉。

机遇是成功的关键！机遇也来之不易，更是稍纵即逝。很多时候，如果没有机遇，即使你有才华也得不到展现抱负的机会和舞台。成功者和失败者的区别就在于能否抓住机遇。所谓君子适时而动，英雄应运而生；快跑的未必能赢，力战的未必得胜。所以聪明的人，应该善于抓住机遇，迅速做出决断，该出手时就出手，这样才能走向成功。

人生处世感悟

好花盛开，就该尽先摘，慎莫待美景难再，否则一瞬间，它就要凋零萎谢，落在尘埃。

——莎士比亚

处世攻略 090 得饶人处且饶人，给自己留条后路

在生活当中，每个人都难免会有过失，如果能够给别人的过失以必要的宽容，得饶人处且饶人，那么他们就会对你感恩不尽。因为帮助别人就是帮助自己，放别人一马就是给自己一条后路。

春秋战国时期，楚庄王平叛叛军后大宴群臣，宠姬妃嫔也纷纷出席助兴。席间歌舞丝竹不绝于耳，不知不觉中日落西山。庄王兴犹未尽，遂命人点起蜡烛夜宴，又命宠妃许姬斟酒助兴。

不料，忽然一阵大风吹来，蜡烛都被吹灭了。黑暗中，一个人趁着混乱竟拉住了许姬的衣袖。许姬恼怒，又不便声张，挣扎之中衣袖被撕破，直到她机敏地扯断那人帽子上的缨带，那人才惊慌溜走。许姬走到庄王面前，附耳禀报了实情。庄王听罢，沉吟片刻，吩咐左右先不要点蜡，然后命众人解开缨带，摘下帽子，尽情畅饮，然后才命人掌灯点烛。在烛光之下，但见群臣绝缨饮酒，已无法辨认谁的缨带被扯断了。许姬无奈，只能作罢。

又过了几年，庄王出兵伐郑，命襄老为前军统帅。其部下唐狡请命，愿为大军开道。由于唐狡骁勇善战，郑军被杀得落荒而逃，直取郑国都城荥阳。庆功会上，庄王召见唐狡，并当众加倍赏赐。唐狡忙跪下道："臣受君王之恩赐已经异常丰厚，没有脸面再领赏。"

庄王惊讶道："寡人并未赏卿，你怎么说受过我的赏赐呢？"

唐狡满面愧色，低声谢罪道："绝缨夜宴上扯住许妃衣袖的就是罪臣。

当年大王未深追究，小臣感恩不忘，所以舍命相报。”

楚庄王不愧是一名优秀的政治家。他对犯有过失的下属以足够的宽容，这不仅使他获得了一名得力干将，而且还使他留下了一世英明。从这个故事中我们要记住一点：给别人留路等于给自己留路。

已故明星沈殿霞，当年是红透香港的金牌司仪，与名不见经传且饱受生活打击的郑少秋一见如故，她不顾舆论压力，全力扶持郑少秋的事业并安慰他的情感，并毅然同他登记结婚，然而她们的女儿来到人世还不到两个月，婚姻随即破裂，十年情感便一朝云散。

有些人一旦觉得自己有理，就会揪住对方的缺点，穷追猛打，非逼得对方竖起白旗不可，甚至仇恨越积越深，殊不知，过分仇恨别人的同时，也是在无形之中毁灭自己。

多年以后，沈殿霞在TVB主持的谈话节目《掌场背后》开播，第一期节目的第一位嘉宾竟然是郑少秋。二人相对而坐，待节目结束时，沈殿霞突然很意外地问郑少秋说：“有个问题好久前就想问你了，今天借这个机会问你一下，你只需回答Yes或是No就行，这个问题就是究竟在多年以前，你有没有真心地爱过我？”郑少秋听后，几乎只是稍加思索，便坚定而认真地回答说：“我真的好爱你！”话音刚落，沈殿霞立刻泪流满面，随即那幸福的笑容便荡漾在她的脸上。仿佛历经多年的那么多的苦难和恩怨，都在“我真的好爱你”这六个字中烟消云散了。

肥姐以博大的胸怀宽恕了曾深深伤害过她的人，也为自己解开了多年的痛苦心结，她这种化悲怨为祝福的智慧确实令人惊叹。

宽容，是一种博大精深的境界，是人的涵养，是处世的经验，是待人的艺术；与别人为善，就是与自己为善，与别人过不去，就是与自己过不去，只有宽容地看待人生和体谅他人，才可以获取一个放松、自在的人生，才能生活在欢乐与友爱之中。

聪明的人都是会宽容别人的，因为宽容别人就是在帮助自己。

人生在世，总是会与各种各样的人打交道，也总难免会产生各种不快与摩擦。怎样处理，怎样对待，不同的人就会有不同的方法。有人会斤斤计较、睚眦必报，而有人则以一颗宽容的心大事化小、小事化了，一笑而过。这不是消极或懦弱的表现，而是真正的君子之度、大家之风。

宽容是一种胸怀。人要成大事，就一定要有开阔的胸怀，只有养成了坦然面对、包容一些人和事的习惯，才能够取得人生的成功与辉煌。

人生处世感悟

凡事都留个余地，因为人是人，人不是神，不免有错处，可以原谅人的地方，就原谅人。

——李嘉诚

处世攻略

091 不战而胜才是最大的胜利

战争的最高境界是兵不血刃，是不战而胜，正如武侠小说中的顶尖高手一样，杀人于无形。最好的战略是在达成胜利的时候，天下还能保持“完整”，也就是以最小的代价取得最大的胜利。“不战而屈人之兵”，不仅是重要的军事原则，也是一种生存智慧。

春秋时，楚惠王为了北上争霸中原，决定向宋国进攻。当时有一位能工巧匠名叫公输班，他制造了云梯、撞车、飞石、联珠剪等新式攻城武器，这些武器在当时确实具有很强的威力，用于攻城战中十分有效。宋国知道楚国又要来进攻，举国上下十分惊恐。墨子得到这一消息后，就赶紧带着三百弟子赶到宋国去。到了宋国后，就教宋国的军队进行防御的方法，又把弟子们布置在关键的城防要塞。然后他自己徒步走到楚国去，劝说楚王不要攻打宋国。但是楚王坚信自己一定能攻下宋国，因此拒绝了墨子的要求。墨子见劝说不了楚王，于是就告诉楚王说：“您能攻城，我就能守城，您是攻不下来的。”楚王不信，于是就把公输班叫来，要两人比画对阵，看看谁有能耐。

墨子解下自己身上的皮带，围在桌上当做城墙，再拿一些木块当做守城的器械，就同公输班演示起来。公输班攻城，墨子防守。公输班用云梯，墨子就用火箭；公输班用撞车，墨子就用滚木礌石；公输班挖地道，墨子用烟熏。公输班一连用了九种攻城方法，均遭到了墨子有效的抵抗，不得取胜。楚王在一旁看得很清楚，公输班输给了墨子。但公输班却对墨子说：“我现在知道战胜你的方法了，但我不说。”墨子也针锋相对地说："我也知道你战胜我的方法是什么，我也不说。"

二人打的哑谜使楚王困惑不解，就偷偷地去观望墨子，问他究竟是什么方法。墨子直言不讳地告诉楚王说："公输班的意思是要您杀了我，这样就没有人知道抵御他的方法了。不过这样也解决不了问题，我来的时候就做好了这方面的准备，我已经安排了三百弟子帮助宋人守城，我已把所有的防守方法都交给了他们，他们每个人都能够运用这些方法来抵抗公输班的进攻。因此杀了我也是没有用的。"

最终，楚王决定不发兵进攻宋国了。一场残酷的战争消于无形，宋国人不花一兵一卒就保住了自己的领地。

这是一个"不战而屈人之兵"的典型范例。墨子的成功不在于他有多么出色的辩论技巧，也不在于他的主张是多么正确，他成功说服楚王不出兵的关键原因在于他有弟子三百，他们都拿着墨子的防御器材守在宋城上，等着楚国发兵。墨子所做的只不过是使楚王认识到如果进攻宋国必然战败。

因此，在和对手交手时，反唇相讥或者大打出手并不是上策。灵活机智地说服对方，让他心服口服，"不战而屈人之兵"才是明智之举。

辽沈战役后，蒋介石、傅作义都估计东北野战军需要有 3 个月到半年的休整时间，才能入关作战。因此，他们决定暂时固守平、津、张地区，同时确保塘沽海口，以观战局变化。傅作义收缩兵力，调整部署，加强张家口、北平、塘沽的防卫，保证西撤南逃的通路。

为了就地歼灭傅作义集团，华北解放军也采取了积极的策略，他们首先包围唐山、塘沽、天津的国民党军。同时，为了迷惑傅作义集团，华北解放军撤围归绥，缓攻太原。

当年解放天津时，全歼国民党守军 13 万人，解放后，孤守北平的傅作义部 25 万人已完全陷入绝境。为了使这座驰名世界的文化名城免遭战争破坏，中共中央和中央军委力争以和平的方式解放北平，并为此向傅作义提出了积极的建议。但实际上傅作义仍动摇于和、战之间。天津解放后，90 万人民解放军兵临城下，经过解放军和中共北平地下党的耐心工作以及北平开明人士的敦促，傅作义终于接受解放军提出的和平条件，北平宣告和平解放。

“不战而屈人之兵”是战争的最高境界，靠的不是武力，也不是徒弄口舌，而是要有强大的军事实力，还要有足够的智谋和策略。

我们生活在一个和平年代里，远离战事，但人与人之间的“小战争”却在所难免。生活中磕磕碰碰发生摩擦时，我们的心灵也不免受到伤害，遇到这种情况，你会如何处理呢？是坚持“人若犯我，我必犯人”的处世原则？与那无耻之人斗一个鱼死网破吗？

其实，最明智的态度是巧用兵法上的“不战而屈人之兵”，把微笑留给伤害你的人。

微笑是最有力的武器，微笑中表露出的谦谦君子风度，只会让那些伤害你的人气急败坏，却又在心里暗自佩服你那能容人之短，容人之误的恢弘气度。同时，也缓和了人际矛盾，赢得了主动权，何乐而不为呢？

做人做事中，“不战而屈人之兵”有很广泛的用途。同时也是一种非常好的解决问题的手段，因为这种手段不仅可以节省时间和避免消耗力量，还可以达到最好的效果。要记住：任何时候，不战而胜都会是最好的结果，也是成本最小的策略。

人生处世感悟

保持低调，才能避免树大招风，才能避免成为别人进攻的靶子。如果你不过分显示自己，就不会招惹别人的敌意，别人也就无法捕捉你的虚实。

——李嘉诚

处世攻略

092 时刻把主动权掌握在自己手里

任何人的成功都离不开机会，静待机会的到来很有必要，但积极主动地创造机会显然更重要。能够主动创造机会的人，是这个世界上真正的强者。

毛遂在平原君家当门客已经三年了，一直默默无闻，得不到施展才能的机会。

一次，秦国大举进攻赵国，情况十分危急，赵王派平原君向楚国求救。平原君去楚国之前，想从家里千余名门客中挑选出 20 名能文善武、足智多谋的人随同前往。可挑来挑去最终只有 19 人合乎条件。

这时，毛遂主动站了出来说："我愿随平原君前往楚国，哪怕是凑个数！"

平原君一看，是平常不曾注意的毛遂，但又觉得此人气度不凡，便答应毛遂作为自己的随从，连夜赶往楚国。

到楚国后，平原君立即拜见楚王，跟他商讨出兵救赵的事情。可是这次商谈很不顺利，从早上一直谈到了中午，还没有一丝进展。面对这种情况，随同前往的其他门客一筹莫展。唯有毛遂，眼看时间不等人，机会不可错过，只见他一手提剑，大踏步跨到台上，面对盛气凌人的楚王，毛遂毫不胆怯。他两眼逼视着楚王，慷慨陈词，申明大义，他从赵楚两国的关系谈到这次救援赵国的意义，对楚王晓之以理动之以情。他的凛然正气使楚王惊叹佩服；他对两国利害关系的分析深深打动了楚王的心。

通过毛遂的劝说，楚王终于被说服了，当天下午便与平原君缔结盟约。很快，楚王派军队支援赵国，赵国于是解围。事后，平原君深感愧疚，并开始重用毛遂。

任何人的成功都离不开机会，静待机会的到来很有必要，但积极主动地创造机会显然更重要。毛遂没有等着别人去推荐，他自己主动站了出来，结果从默默无闻一举变得扬名天下。

小王是一家工厂的普通工人。有一次，工厂的电机突然坏了，全厂停电，一大帮技术人员围着电机团团转，就是找不出毛病。他们使尽了浑身解数，仍未能解决问题。正当厂长打算另请高明时，小王主动毛遂自荐，请求尝试。

厂长带着一种怀疑的口吻问："你可以吗？"

问他用什么工具，他说只用一把小铁锤、一支粉笔就行了。

白天，他围着电机转悠，这儿看看，那儿敲敲，晚上，他就睡在电机房。到第三天，人们见他还不拆电机，不禁怀疑起来，他的同事都劝他别打肿脸充胖子了。

他总是笑笑不言。

当晚，小王让人们搬来梯子，爬到电机顶上，用粉笔在一处地方画了一个圈，说："此处烧坏线圈 18 圈。"

技术人员半信半疑地拆开一看，果然如此。电机很快修好了，恢复了正常运行。厂长奖励小王 1 万元奖金，并从原岗位升任技术部顾问。

懂得主动的人，没有机会可以主动创造机会，有了机会就要利用机会。小王如果不主动推荐自己，根本就无法脱颖而出，很可能一辈子只是个默默无闻的车间工人。

一个人即使有天大的本事，如果不为人知，不被人发现，就像地下尚未被开采的煤，深深地埋在地下，永远也不会有出头之日，得到人们的承认。而在当今如此竞争激烈的社会中，并不是谁都能够像诸葛亮一样有刘备的三顾茅庐，即使你是千里马，也不一定有相中你的伯乐。这时，也许我们该换一种思维，换一个角度，要知道成功是可以被你创造的。

可见，机会都是靠自己主动创造、争取的，机会之门要靠自己的力量打开。狄更斯说："机会不会上门来找，只有人去找机会。"可是，太多的人终其一生都在等待一个完美的机会自动送上门，以求拥有光荣、成功的时刻，他们最后总会在等待中碌碌无为、终其一生。机会对于每个人都是平等的，每个人都可以主动创造机会、争取机会。但是很多人不知道，他们曾经离机会很近，但却没有争取它、抓住它。

生活是掌握在你的手中的，在这个充满竞争的时代，如果不善于表现自我，就会被无情的竞争所淘汰，无法获得成功。

人生处世感悟

坏人固然要防备，但坏人毕竟是少数，人不能因噎废食，不能为了防备极少数坏人连朋友也拒之门外。更重要的是，为了防备坏人的猜疑，算计别人，必然会使自己成为孤家寡人。既没有了朋友，也失去了事业上的合作者，最终只能落个失败的下场。

——李嘉诚

第十二章——双赢

成全别人就是在成全自己

单则易折，众则难摧。很多时候，一个人遇到无法抗衡的危机，依靠众人的力量却能很容易渡过难关。

互利共生是一种双赢的智慧。现实生活中，竞争无时不在，如果一味地针锋相对、言论相攻，结果是两败俱伤。如果我们能多一份关爱、包容、谦让、无私，成全别人，也是在成全自己。

处世攻略

093 将欲取之，必先予之

现实生活中，有时走迂回道路，反而比走直路更易达到目的地。

吃亏是福。有时候，吃的亏是明显的、表面的，但得到的好处却是无形和长远的。

汉高祖刘邦在洛阳城外看到许多将军在一起窃窃私语，走近他们的时候，只见将军们面有愠色，议论立刻停止。刘邦就问张良，张良如实汇报说："将军们议论着准备造反！"

这话让刘邦吓了一跳，他赶忙问张良原因，张良分析说："陛下斩蛇起义，靠了这些将士们出生入死才夺取了天下。现在，秦朝被推翻了，项羽也被陛下打败了，您当上了皇帝，将军们现在关心的就是分封土地和授予官位。可是，陛下分封的20多人中，都是萧何、曹参等陛下最亲近的人，处分的都是陛下怨恨的人。

"现在，将军们一边在盼着陛下快快分封他们，一边又担心土地有限轮不到自己，还有一些人害怕平时得罪过陛下，会遭到陛下的暗算，所以他们聚集在一起密谋发难。陛下如果处置不当，就会出现内乱。"

刘邦忙问："那该怎么办呢？"

张良接口说道："陛下请告诉我，平时您最恨的而且将军们都知道的人是谁？"

刘邦本来不想说，可事到如今，只得实话实说："我最讨厌雍齿，他作战勇猛，立过许多战功，可是恃功自傲，几次让我在大臣面前难堪。

我真想杀了此人，痛痛快快地出口气……"

张良微微笑道："这就好了，陛下立即封雍齿为侯，那些有战功而担心陛下为难他们的人，一看连陛下最恨的人都分封了，就会消除顾虑，自然不会造反。"

刘邦随即设下酒宴，当着大臣和将军们的面，封雍齿为什方侯，又让丞相、御史加快定功封赏的进度。

张良的小小一计，安定了汉初的局面。

要想成大事，就不要计较当前利益，着重长远利益。吃点小亏，退后一步都是为将来更大的发展做铺垫。

美孚公司刚刚开始在上海推销时，绝大部分中国人还没有使用煤油灯的习惯。美孚公司在上海花了很长的时间，使出了浑身解数做宣传，仍然收效甚微。后来，该公司规定：谁买两斤煤油，就奉送刻有"请用美孚油"字样的煤油灯一盏。这一招果然奏效，两斤油本来不贵，还可以白捡一盏价格不菲的油灯，于是买煤油的人趋之若鹜。

短短一年，美孚公司就"赔"掉了80多万盏煤油灯。但是，正是这80多万盏白送出去的煤油灯，起到广告和示范作用，带领产品一路狂销，成了美孚公司取之不竭的财源。美孚公司因此迅速占领了中国的"洋油"市场，而且盛销几十年，获利无穷。

美孚公司以"油灯"作诱饵，先给消费者一些好处，使消费者上钩，消费者对这等"好事"的一传十，十传百，购买煤油的人自然也就多了，从此小利变大利，利滚利，利翻利，真可谓"吃小亏占大便宜"。以赔本的"油灯"取得煤油的利润，这才是美孚公司的真正目的。

欲取先予，这不仅是一种战术，一种公关，一种策略，更是一种胸怀，一种境界，一种理念。

每个人的人生际遇都是变化多端、难以预测的，一旦遭遇人生较大起伏的时候，试着采用"先予后取，以退为进"的谋略。这种做法不但会让你的人生觅得安顿之处，也会为你提供寻找更多“猎物”的机会。

有的企业经营者唯利是图，只考虑眼前的经营回报，不肯做一点“吃亏”的买卖，这样的企业经营者“精明”而不高明。高明的企业经营者知道，做生意应细水长流，需要回头客，需要老客带新客，企业不仅要用好产品打动顾客，还要学会以情感人，即使眼前吃点亏也不要紧，先赢得消费者的心，再来赚取合理的利润，这样才能真正赢得市场，赢得较高的知名度和美誉度。

人生处世感悟

人家帮我，永志不忘；我帮人家，莫记心头。

——华罗庚

处世攻略

094 互利共生，合作才能共赢

单则易折，众则难摧。很多时候，一个人遇到无法抗衡的危机，依靠众人的力量却能很容易渡过难关。

互利共生是一种双赢的智慧。现实生活中，竞争无时不在，如果一味地针锋相对、言论相攻，结果是两败俱伤。如果我们能多一份关爱、包容、谦让、无私，不仅成全了别人，更成就了自己。

中唐名将郭子仪，戎马一生，屡建奇功，在朝中具有很高的威望，可是他却和唐朝的另一名大将李光弼相处不来。两个人的矛盾由来已久，积怨颇深。两人同在朝中为官，平时谁也不服气谁，势同仇敌。

公元755年，安禄山造反，率兵一路攻向长安。唐明皇仓皇入蜀。太子李亨即位，拜郭子仪为兵部尚书，统领全国军队。这样，李光弼就成了郭子仪的部将。这让李光弼很担心，生怕郭子仪刁难他。他本想调到别处去，谁知他还没开口，郭子仪就找上他了。

原来朝廷要郭子仪挑选一位得力的大将去平定河北，郭子仪推荐了李光弼。这个消息让李光弼以为郭子仪只不过是想借刀杀人，让他去送死。可是朝廷任命又不能不服从，万般无奈之下，李光弼打算向郭子仪低头，不求自己生还，只希望郭子仪能放过他一家老小。

郭子仪听到李光弼的哀求，长叹一声，紧紧握住李光弼的手，告诉他说：“现在是国家存亡之秋，正需要我们同心协力对付叛敌。眼下国家正需要你这样的人才，我们怎么能对以前的个人恩怨耿耿于怀呢？”

李光弼听后非常感动，两人手扶手相对跪拜，尽释前嫌，联手平定了安史之乱，解除了大唐的生存危机。

郭子仪能够尽释前嫌与李光弼联手抗敌十分值得人称道，无论两个人有多少过节，毕竟都是大唐名将，算不得真正的敌人。真正有大智慧的人，为了国家的利益，敢于和自己的对手联手，达到真正的共赢。道理很简单，却足以给人意味深长的启示。

现在这个社会充满了各种各样的竞争，竞争是残酷的，甚至是你死我活的，但并不意味着竞争就要排斥合作。在经济一体化进程加快、行业分工日趋细化、经济交流日趋密切的今天，只有开展合作，才能实现共赢。

团队精神，就是大局意识、协作精神的集中体现。“小河无水大河干”强调的就是这个道理。所谓 1+1>2，团结就是无坚不摧的力量。

2008年度诺贝尔化学奖授予美籍华人科学家钱永健、日本科学家下村修以及美国科学家马丁·沙尔菲，以奖励三位科学家在荧光蛋白标记技术领域作出的突出贡献。长期以来，破解蛋白质如何在生物体中运作使发育、代谢等生命活动正常进行是科学家们的梦想。面对这个难题，三位科学家通力合作，运用自己的能力解决这一难题，他们没有分开独干，他们深知只靠个人的力量不可能成功，三人相互配合，终于取得了成功。

浙江正泰、德力两大集团，曾分获全国低压电器行业仅有的两块“中国驰名商标”，创下了国内在同一镇、同一生产领域两个驰名商标比肩而立的先河。令人感叹的是，在如此近距离的激烈竞争中，两个企业的老板居然还能保持不错的私人关系。在动不动就同行交恶的不成熟市场环境中，他们表现出温州商人特有的精明和理智：不伤和气，大家有利。

过去那种把同行看成是“冤家”，认为有竞争就不能有合作的观点是片面的、有害的，它往往造成不必要的摩擦、内耗及浪费。而把竞争与合作结合起来，既竞争又合作，就能突破孤军奋战的局限，把自身优势与竞争对手的优势结合起来，把双方的长处最大限度地发挥出来，既提高自己也提高别人的竞争力，实现双赢或多赢。

五个手指，长短粗细各不相同，握紧了就是一个坚硬的拳头。同理，竞争的形态各不相同，竞争合作、实现共赢才是永恒的。

人生处世感悟

我常常被问及成功的秘诀，其实不外有三：第一，自信和他信；第二，遇到不公平的事有正确心态；第三，先为别人创造，建立良好的人际氛围。当今即使一个科学家要出成果，也不可能一个人全面包办，在个体劳动越来越不重要的今天，合作尤其可贵。

——杨澜

处世攻略 095 你给别人搭把手，别人给你搭把梯子

请记住这个原则：你要获得别人的帮助，必先帮助别人。帮助别人愈多，未来的收获也愈多。

英国著名牧师说过这样一句话："为了别人，请把你手中的蜡烛点燃，照亮别人的同时，最先被照亮的，肯定是你自己！"

一次，范蠡得到一条有关吴越一带需要好马的消息，这让他心动不已。他知道，在北方收购马匹并不难，而且马匹到了吴越地区也很容易卖掉，但问题是如何把马匹运到吴越呢？路途遥远不说，最大的问题是当时兵荒马乱，强盗横行，一些经商的人不但血本无归，还会搭上性命。范蠡一时想不出良策，但他时刻不忘探听有关贩马的信息。

终于有一天，他了解到北方有一个经常贩运麻布到吴越的巨商——姜子盾。姜子盾很有势力，常年贩运麻布到吴越一带，在商道上早已用金银买通了沿途的强人。于是，范蠡想出了一条运送马匹的妙计。他写了一张榜文，张贴在城门口，内容是：范蠡新组建了一批马队，时值开业，可以免费帮人向吴越地区运送货物。不出所料，姜子盾很快就主动找到了范蠡，希望范蠡帮他把北方的麻布运到吴越。范蠡见状，喜不自禁，爽快地答应了。就这样，范蠡与姜子盾一路同行，货物连同马匹都安全到达了吴越地区。范蠡在吴越很顺利地卖掉了马匹，赚了一大笔钱。

如果仅凭范蠡一人的力量，他的马匹可能早就被强盗抢走了，但他借用姜子盾的势力，不但平安赚了钱，而且还帮了姜子盾的忙，姜子盾

从此也和范蠡成了商场上的好朋友，生意也越做越大。

生意场上要学会借势，不要吝啬自己对他人的帮助，帮助别人往上爬，自己会爬得更高。单纯依靠个人的力量，创造的价值会非常有限，而如果形成一个有机的整体，依靠团体坚不可摧的力量去努力，所能创造的价值一定会多得多。

香港亿万富翁陈玉书，是公认的世界景泰蓝大王，其创业经历有着颇为传奇的色彩。

一天，还是一名普通工人的陈玉书到维多利亚公园游玩，看见一位太太带着孩子荡秋千，陈玉书路过时，就帮忙用力推了一把，秋千立刻大幅度地荡起来。母子俩高兴得眉飞色舞，连声道谢。短暂的交谈中，陈玉书得知这位太太是印尼华裔，其夫在印尼驻香港领事馆工作。

时隔不久，陈玉书的一位印尼华侨朋友遇到了一大困难：由于领事馆的商业签证问题遇到麻烦，一批准备运往印尼的货物迟迟不能起运，时间一天天耽误，这位朋友十分焦虑。陈玉书这时突然想到了公园里认识的那位太太，便表示愿意去找一趟，看看能否帮上忙。

太太因为曾和陈玉书在公园里交谈得很愉快，便很高兴地将陈玉书引见给她丈夫，这位领事馆的官员了解个中原委后，没多费口舌，补办了一些手续，便把商业签证办妥了。

朋友得知这个意外的喜讯，兴奋得不得了，当即给陈玉书一笔钱，充当谢礼。得到这笔钱后，陈玉书把它当做资本，开始涉足商场。商海搏击10多年来，他稳扎稳打，规模渐做渐大，成为了拥有14亿资产的世界景泰蓝大王。

人生有很多机会，而机会常和关系形影不离。陈玉书获得成功得益于最初的“一臂之力”，这个故事告诉我们：一切关系，都从零开始，帮助别人，就是帮助自己。

每个人的能力都有一定限度，善于与人合作的人，能够弥补自己能力的不足，达到自己原本达不到的目的。帮助别人就是帮助自己，帮助别人往上爬，自己会爬得更高。

人生处世感悟

一个人事业上的成功，只有15%是由于他的专业技术，另外的85%要依赖人际关系、处世技巧。软与硬是相对而言的。专业的技术是硬本领，善于处理人际关系的交际本领则是软本领。

——卡耐基

处世攻略

096 不要自作聪明，切勿刚愎自用

人外有人，天外有天，自作聪明、刚愎自用是人生发展的大敌。如果有点成绩就不知道天高地厚，不认识自己，那么到头来不仅会伤害别人，更会伤害到自己。

春秋时代，晏婴奉齐王之命出使楚国。到了楚国，楚王设宴款待。当酒兴正浓时，忽见两个差役押着一个被缚之人来见楚王。楚王故意问道："这人犯了什么罪？"差役赶紧回答："他是齐国人，到我们楚国来偷东西。"楚王于是回过头去看着晏婴，故作惊讶地说："你们齐国人都喜欢偷东西吗？"

晏婴看出了楚王是在故意挖苦，便站了起来，严肃地对楚王说："我听说橘树生长在淮河以南时就结橘，如果将其移栽到淮河以北，结的果实就变成又酸又苦的枳了。它们只是叶子长得十分相似而已，所结果实的味道却大不相同。这是什么原因呢？原来是水土不同的缘故啊！眼下这个人在齐国时不偷盗，到了楚国后却学会了偷盗，莫非是楚国的水土会使人变成盗贼么？"一席话噎得楚王尴尬至极，只好赔笑收场。

时隔不久，晏婴又被派往楚国公干。楚王想报复上次宴会上的难堪，他知道晏婴的身材十分矮小，于是就吩咐在城门旁边另外凿开一扇小门。当晏婴到来之后，侍卫便让他从小门进去，晏婴见状，立刻正色道："只有出使狗国的人，才会从狗洞中爬进爬去。我今天是奉命出使楚国，难道也要从这狗洞中进去吗？"侍卫们理屈词穷，只好让晏婴从正门昂首阔步地进了城。

许多自以为聪明的人，其实是愚蠢透顶。一心想侮慢他人，到头来必然会使自己的尊严扫地。

自作聪明的真正原因并非是因为饱学，而是因为他们对自己缺乏足够的了解，他们可能有一点点本事，却总以为自己天下第一。这一难以克服的缺点，使得他们虽然在某些方面较之其他的人要优秀，却难以获得长足的进步和发展，甚至还可能导致人生的惨败。

当年，通用电气资本完成对华尔街最老的金融投资公司之一的基德公司的收购之后，花旗银行董事长里斯顿等告诫杰克·韦尔奇说："你为什么要买下它，它只不过是一堆家具。"可是韦尔奇对自己很自信，根本听不进去。

不料八个月后，韦尔奇发现自己卷入了一场震动华尔街的丑闻中。

基德公司高级职员的非法交易令通用支付了2 600万美元的罚金，且面临着被吊销营业执照和关门的危险。虽然非法交易发生在通用收购基德公司之前，但是作为新主人，通用却被迫承担法律责任。第二年，基德公司又因股市崩盘而亏损7 200万美元，5 000名员工中的4 000人不得不走人，直到1991年，基德公司才恢复元气。

收购基德公司的沉重失败，让韦尔奇认识到自己的缺陷之处：管理一家真正的金融企业和管理一家制造企业在本质上是完全不同的。他说："自信与自负之间仅一步之遥。这一次，自负占了上风，给我上了一堂终身难忘的课。"

不管自己怎样优秀，能力比其他的人怎样突出，我们都不要因此觉得自己很了不起而刚愎自用。而是应当以一种谦虚的心态去面对一切，也只有这样我们才能真正地获得长足的进步和发展。

俗话说："知人者智，自知者明；胜人者有力，自胜者强。""是金子总会发光"，如果你是真正的聪明，就不要总是在别人面前随意地"卖弄"。那样，不但你的聪明变得"廉价"，有时还会遭人嫉妒，给你惹来不必要的麻烦。所以，对有志于成就一番事业的人来说，你要时刻提醒自己，不要自作聪明，也不要恃才而骄，更不要刚愎自用。

人生处世感悟

只有博大的胸襟，自己才不会那么骄傲，不会认为自己样样出众，承认其他人的长处，得到他人的帮助，这便是古人所说的有容乃大的道理。

——李嘉诚

处世攻略

097 感情投资，本小利大

人都是有血有肉的感情动物，真诚而宽容地对待他人，互相理解、信赖，给人以改过的机会，才能赢得人心，得到他们的帮助。

唐朝大臣李勣，晚年突然患了重病，御医开出的药方中，有一味药是胡须灰。为了给李勣治病，李世民立即剪掉自己的胡须交给医生。身体发肤，受之父母，皇帝关心功臣到了这个程度，李勣想不感动都不行。病好后他入谢李世民，跪地叩首不止，叩得前额鲜血直流。

在征讨高丽的战争中，大将军李思摩被弓弩射中，身受重伤。他受伤后，李世民亲自为他吮吸伤口的淤血，身边的将士看到这种情形后大受感动，一时间士气大振。

以情动人，用真诚去感动身边的人，不但能够使领导得到人心，更重要的是在旁观者看来，会觉得领导肚量宽广、有人情味，自然而然会对你产生敬意。李世民以情动人，体恤下属，得到了下属们的拥戴，最终建立起强盛的帝国。

美国从 20 世纪 70 年代末起，整个航空业出现了困难重重的不利局面，当时有不少航空公司，如布兰利夫航空公司、大陆航空公司等都曾提出破产申请。

但是，在这凄惨的年代，于 1981 年新成立的国民捷运航空公司，却在短短几年内迅速成长起来，而且蓬勃发展，到 1984 年就有能力收购边疆航空公司而成为美国第五大航空公司。其成功的一个重要原因，在于采用了该公司创办人兼董事长伯尔所倡导的充满人情味的管理风格，使整个公司充满一种同舟共济的大家庭气氛。公司鼓励员工参与管理，让大家对经营管理工作多提意见与建议。公司还要求每个员工按折扣价格购买公司的100股股票，使之成为公司利害攸关的股东，许多资深员工，往往积累了超过5万美元价值的股票。

国民捷运航空公司的崛起，本质上讲源于领导层的人性化管理。良好的工作氛围，诱人的激励节制，使得员工肯为公司尽心出力，公司的发展壮大就是水到渠成的事情了。

古言道：得民心者，得天下。当今社会，要想一个人闯出一片天地是不可能的，我们需要其他人来协助我们，但别人为什么要和我们一起拼搏，特别是当我们的事业遇到挫折的时候。要让别人拼命地为我们的事业拼搏，就需要以诚待人。

在企业经营中也是如此。如果企业领导者能走进员工心里，真诚地善待员工，肯定员工的价值，就能调动员工的积极性，使他们与公司同舟共济，患难与共。

日本的管理闻名于世，据说日本许多总裁在每天早晨上班时，站在门口叫出每一个员工的名字，并向他们鞠躬致意，真诚而感性地说一些“辛苦了”等温暖人心的话。事实证明这一举措深得人心，大多数日本员工都非常敬业，对公司的忠诚也就可想而知了。

人生处世感悟

对人诚恳，做事负责，多结善缘，自然多得人的帮助。淡泊明志，随遇而安，不作非分之想，心境安泰，必少许多失意之苦。

——李嘉诚

处世攻略098 成全别人的同时也是在成全自己

君子善待他人，乐善好施，故常成人之美，善于成全别人；小人妒忌别人，自私自利，只考虑一己私利，不能学会在合作中实现共赢，故常成人之恶，最终伤人伤己。

唐朝有一个叫谢原的人，精通词赋，善作歌词，所作的歌词在民间流传甚广。

一次，谢原到张穆王家做客。饮酒畅谈之余，张穆王让自己的小妾谈氏在帘子后面弹唱助兴。

谢原一听，谈氏唱的正是自己所作的一首竹枝词。张穆王见谢原听得十分出神，干脆叫谈氏出来拜见，谈氏接着又把谢原所作的歌词都唱了一遍。

谢原很高兴，犹如遇到了知音。他站起来说："承蒙夫人的厚爱，在下感激不尽，只不过夫人所唱的都是在下的粗浅之作。我应该重作几首好词，以备府上之需。"第二天，谢原即奉上新词八首，谈氏把它们一一谱曲弹唱，两人配合得十分默契。就这样，谢原和谈氏你来我往，日久生情。两人都心知肚明，但也只能苦苦相恋。因为谈氏是张穆王的小妾，而谢原又是张穆王的朋友。

终于有一天，谢原亲自去拜见张穆王，请求张穆王成全。他本来以为张穆王一定会大发雷霆，但张穆王却哈哈大笑起来："其实我早有此意了。虽然我也喜欢她，但你们两个才是天生的一对啊。一个作词，一个谱曲，一个吹拉，一个弹唱……你们两个在一起最合适了。”

后来为报答张穆王，谢原把此事作成词，谈氏把它谱成曲，四处传唱。张穆王成人之美的美名马上传播开来，很多有识之士都来投靠他。

成全他人是一种气度，一种胸怀，一种君子风范。今天我们成他人之美，明天他人就会成我之美。在这个世界上，不是任何事情都依据唯一的评判标准，不能一概都要求非此即彼，不能一概要求黑就是黑、白就是白。所以，聪明的人，要在坚守自己的同时，尽量成全他人。

有很多富豪都热心从事公益事业，比如，全球首富微软公司总裁比尔·盖茨已投入近三百亿美元，接近他总资产的五分之三，创立了世界最大的慈善基金会——比尔·盖茨与玛琳达基金会。今天，这个基金会已经拯救了至少七十万人的生命。

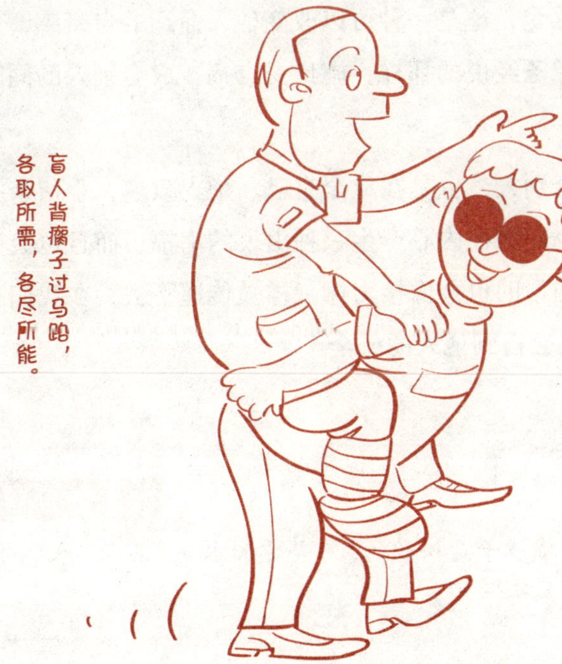

成全别人的同时，也是在成全自己。赠人玫瑰，手留余香。

著名影星奥黛丽·赫本是自然与美丽的化身，她的性格温和、活泼，她的微笑散发着独特的魅力，她是人们心中“飘落凡间的天使”。

赫本带给这个世界的不仅是美，还有善。在所有女影星中，赫本有一大特点，就是乐于做无报酬的慈善工作。赫本曾做过六十七次亲善大使，尤其是1956年至1963年间，她几乎每个月都到码头、监狱、黑人社区去做义工。有一次，她甚至谢绝了贝尔公司每小时五万美元的庆典邀请，而去医院给一位小男孩做护理服务。1988年，她担任联合国儿童基金会的亲善大使，亲赴不少国家和地区，为孩子们呐喊、呼吁和募捐。作为联合国的特使，她在这个地球上最可怕的地域辗转，最贫困的国家是她的摄影棚，纷飞的战火是她的背景，食不果腹的饥民是她的搭档、演员……

对于比尔·盖茨和赫本来说，通过自己的帮助拯救别人的生命给自己带来了上帝般的感受，这是一种可以改变他人命运的自豪感，可以净化自己的灵魂。就像圣经说的那样，施比受有福。成全别人的同时也成全了自己。

很多时候，成全别人，也是在成全自己。赠人玫瑰，手留余香。在成全别人的同时，我们能在内心产生一种由衷的幸福，而且也会受到他人的尊重。而我们的帮助也会像接力棒一样被传递下去，在我们遇到困难和无助时，我们也会得到他人的成全。

人生处世感悟

一堆沙子是松散的，可是它和水泥、石子、水混合后，比花岗岩还坚韧。

——王杰

处世攻略

099 善于察言观色，才能左右逢源

初入社会，学会察言观色，可以洞察先机，知道对方的想法。就算觉察对方有不同的意见，心里也有数，可以在心里有所准备，事先化解，还可以针对别人的反应，妥善安排自己的进退应对之策。

清朝刊印二十四史时，乾隆非常重视，常常亲自校核，每校出一件差错来，就会觉得自己很了不起，心中很是痛快。和珅察觉到这点，就迎合乾隆的这种心理，在抄写给乾隆看的书稿中，故意在明显的地方抄错几个字，以便让乾隆校正。这个方法很高超，这样做能不露声色地显示出乾隆学问深，比当面奉承他学问深能收到更好的效果。

和珅工于心计，头脑机敏，善于察言观色捕捉乾隆的心理，总是选取恰当的方式，博取乾隆的欢心。因此，他在乾隆时期，位极人臣，不可一世，要雨得雨，要风得风，很受乾隆的宠爱。

和珅在历史上是个大贪官，为世人所不齿，但是就交际上来讲，他的确是一个大师级高手，皇帝被他哄得舒舒坦坦，自己也得了很多好处，左右逢源。从结果上来说，这是一种“双赢”。

历史上有不少既聪明，又有能力的人最后却身首异处，如杨修被曹操所杀，韩信被吕后所害。究其原因，归根结底是他们虽然有能力，但不懂处世之道，不会察言观色，不知道讨上司喜欢，最后惨遭杀害。在现实生活中，学会察言观色，是一种不可忽视的为人之道。

著名跨国公司的小陈和小王是同事，他们两个工作都很努力，业绩

也都很出色。不同的是小陈平时是个机灵人，善于观察上司的举动，并主动接近上司；而小王是个老实人，从不知道主动接近上司，只知道闷着头干活。因此，两人的职业发展很不相同。

比如这天，一贯身体健康精力充沛的老总显露出悲伤的脸色，他虽然什么也没有说，表面尽量装得若无其事，可是脸上却流露出难以克制的苦恼表情。午餐时，他呆滞地望着窗外，脸上没有一点朝气。这些微妙的变化都被小陈看在眼里，他端着自己的餐盒走向老总身边，关切地问："经理，家里都好吗？"以假装随意问安的话，来开启他的心灵。

老总交谈后，脸上露出从未有过的笑容。在人最脆弱的时候去安慰他，这才是当部下的人应有的体谅和善意。聪明的小陈明白这个道理。不久，小陈便被经理提升为主管，提高了工资，而小王还在原岗位上努力地工作着。

人生经验丰富的人，具有察言观色的本领，他能够根据对方的言行举止、喜怒哀乐等来分析自己的言行是否合理。这样的人往往比一般人具有更强的适应性，至少他不会在别人高兴时泼一盆冷水，弄得大家不欢而散，更不会在他人愤怒时，出言不逊，惹祸上身。

在任何人的本性里，都隐藏着善与恶两个方面。所以在交往的过程中，一定要做个会察言观色的聪明人，以防给自己带来麻烦。

人生处世感悟

成功的第一要素是懂得如何搞好人际关系，而搞好人际关系的第一要素是说他人爱听的话，进而办成自己想要办的事。

——西奥多·罗斯福

处世攻略 100

互利共赢，世事皆通达

“众志成城，众口铄金。”在遇到困难时，想突破困境找到新的出路，必须充分团结所能团结的一切力量，加强与他人合作，甚至是对手的合作，才能得到解脱和成功。

与竞争者进行合作，又称为“竞合”。“竞合”作为竞争的高级阶段，以双赢为出发点，其合理性和正确性不言而喻。

春秋时期，吴国与越国连年交战，两国的经济遭受了极大的破坏，百姓们苦不堪言。两国的百姓也一直处于敌对和仇恨的状态。

一次，在吴越交界的河面上行驶着一艘渡船。船上一共有十多个乘客，一半是吴国人，一半是越国人。这天的天气也很不好，乌云密布，就在渡船到江心时，突然暴雨倾盆而下，大风裹着巨浪一个接一个地向渡船拍来。掌舵的艄公吩咐大家快进船舱，又招呼另外两个年轻地船工去解绳索。可是，江心的风浪实在太大了，他们手忙脚乱的怎么也解不开。

如果船帆不能及时降下来，船就有被推翻的危险，船上的乘客都明白这个道理。千钧一发之际，同船的乘客不管是吴人还是越人，立即跑出船舱解开绳索，很快就把船帆给将了下来，终于安全地驶到了岸边。

本为宿敌的吴越两国百姓，在危难当中能够同心协力，在众人的积极配合下，终于共渡难关到达了目的地。

在危难时刻，无论是朋友还是敌人，只有互相救助，共担责任，才能求取生存和发展的“共赢”。自然界有了合作，大自然才能欣欣向荣，历史有了合作，世界才能发展至今。

美国世界日报曾经报道说，纽约法拉盛地区人气最旺的超市，老板几乎是清一色的温州人。这些超市老板中，有的在三四年前还是路边摆摊的小菜贩，他们经过自身的艰辛努力以及凭着对商机的敏感，抓住机会一举成功。

吸引最多各地商客光临的华埠坚尼路两旁商店，有超过一半的业主是温州人。放眼华埠坚尼路上各个街角，几乎都可看到数名女子推着手套、围巾或是刚出版的CD和刚上映的电影DVD叫卖。来美五年的吴小姐说："我们都是温州来的，虽然大家摆摊摆得近，但是绝不担心互相抢生意。大家挺帮忙的。"

与对手合作，能够改善"同行是冤家"的局面，使企业获得更多的发展机会，并能够在合作中增强自身的实力，提升自己的地位，因此是一种在竞争中争取主动权的积极做法。

同行不是冤家，做生意要竞争。但是，竞争要以质取胜，合理的竞争应该是加强与同行的合作，大家联合起来，互相帮助，生意才能做得更大。

当今社会，科技高速发展，社会分工精细，每个人的思维、知识面都很有限，这需要人与人之间加强合作，只有人与人之间能够心胸宽广，无私地开展合作，才能成就个人的事业。

人生处世感悟

商业合作必须有三大前提：一是双方必须有可以合作的利益，二是必须有可以合作的意愿，三是双方必须有共享共荣的打算。此三者缺一不可。

——李嘉诚